碧巌の峰

木村太邦

春秋社

碧巌の峰

目次

傅大士について
目に見えないものを見る

碧巌の峰

関中の主となる——第五六則「欽山一鏃破三関」

【垂示】垂示に云く、諸仏曽て世に出でず、亦た一法も人に与うること無し。祖師曽て西来せず、未だ嘗て心を以て伝授せず。自是《もと》より時人了せず、外に向って馳求《おいもと》む。殊に知らず、自己脚跟下《あしもと》の一段の大事因縁、千聖《せんしょう》も亦た摸索不著《さぐりあてられざる》を。只だ如今《いま》見と不見、聞と不聞、説と不説、知と不知、什麼処《いずこ》よりか得来たる。若し未だ洞達《とうだつ》する能わずんば、且《まず》は葛《かっ》藤窟裡《とうくつり》に向いて会取《えしゅ》せよ。試みに挙し看ん。

【本則】挙《こ》す。良禅客、欽山《きんざん》に問う、「一鏃《いちぞく》もて三関《さんかん》を破る時、如何」。山云く、「関中の主を放出し看よ」。良云く、「恁麼《さよう》ならば則ち過ちを知りて必ず改めん」。山云く、「更に何時をか待たん」。良云く、「好箭放つに所在に著《つ》かず」と。便ち出づ。山云く、「且《まず》は来たれ、闍黎《そなた》」。良、首《こうべ》を回らす。山、把住《つかま》えて云く、「一鏃もて三関を破ることは即ち且《さ》て止《お》く。試みに欽山の与《ため》に箭《や》を発し看よ」。良、擬議す。山、打つこと七棒して云く、「且《まず》は聴《まか》す、這《こ》の漢疑うこと三十年なることを」。

【頌】君の与《ため》に放出す関中の主、箭を放つの徒、奔鹵《もうろ》なること莫れ。箇の眼を取れば耳必ず聾《ろう》し、箇の耳を捨つれば目双《ふたつ》ながら瞽《こ》す。憐《め》ずべし一鏃もて三関を破る、的々分明なり箭後の路。君見ずや、玄沙言えること有り、「大丈夫は天に先だって心の祖となる」と。

良禅客と欽山和尚

いつものことですが、三つに分かれています。垂示、本則、頌です。一番古いのはどれか。真ん中の本則です。二番目は、雪竇がつけた頌。本則を選び出したのも雪竇です。最後に、宋の時代の圜悟が垂示をつけました。そこで今日は、一番古い本則から見てみたいと思います。

「挙《こ》す。良禅客、欽山《きんざん》に問う」。良禅客と、欽山和尚ですね。「一鏃《いちぞく》もて三関《さんかん》を破る時、如何」。良禅客が欽山和尚に問うわけです。一本の鏃で、三つの関所を同時に破る。その時はどんな事態でしょうか。

そうしますと、欽山和尚は言います。「関中の主を放出し看よ」。ここは「放出せよ」と読んだ方がわかりやすいでしょう。昔はそう読んでいました。意味は同じだと思います。三関を破ったというなら、その三関の主、それは何を言っているのでしょう。大事なところですね。「主を放出せよ」。ここに出してみよ、という感じです。わしが見て確かめてやる、というわけです。

すると良禅客は、「恁麼《さよう》ならば則ち過ちを知りて必ず改めん」という返事をします。そうおっしゃるからには、過ちは私の方にあるのでしょう。しっかりと見直して、また伺います、という感じの返事だと思います。自分の過ちをさぐり当てて、改めてまいります、と。

そう言いますと、欽山和尚は「更に何時をか待たん」。今だ、今が大事なのだ。今、答えなさい、ということでしょう。

それに対して良禅客は言います。「好箭放つに所在に著《つ》かず」。私は良き矢を放ったと思ったのですが、どうも和尚の境涯には届かなかったようでございます。そして、さっさと部屋から出て行ったんですね。

そうすると、欽山は言います。「且《まず》は来たれ、闍黎《そなた》」。まあこっちへ来い、貴公。「良、首《こうべ》を回らす」。良禅客は首だけを振り向けるのですね。そうすると、「山、把住《つかま》えて云く」、欽山は捕まえて言った。

「一鏃もて三関を破ることは即ち且《さ》て止《お》く」。一本の鏃で三つの関所を破るというのは、まあ置いておこう。「試みに欽山の与《ため》に箭《や》を発し看よ」。試しにこのわしに、矢を射ってみよ、というのですね。

すると「良、擬議す」。もたついたんですね。答えようか答えまいか。すると、その様子を見て「山、打つこと七棒して云く」、欽山和尚は良禅客を七回棒で打ったというのです。そして言った、「且《まず》は聴《まか》す、這《こ》の漢疑うこと三十年なることを」。そんなことでは、今から三十年間迷い通しだぞ、と。これが本則です。

これはどういうことでしょう。皆さんの考えを聞きたいところです。ただの問答なら、禅問答とは言えませんね。このやりとりの、どこに禅があるでしょうか。禅があってこそ初めて禅問答ということができ、碧巌録に取り上げられるのです。いかがでしょう。

いろんな見方があってしかるべきだと思います。私は分からなかったんです。ですから、皆さんがどのように受け止めたかが氣になります。禅問答の見方というのは、どうでしょう。ここでは良禅客と欽山和尚の問答ですね。その二人の問答を、二人の氣持ちになって、互いの氣持ちを探り当てるというのも一つの方法でしょう。しかし、そこにはやはり禅がなくては禅問答とは言えません。その禅とは何か。

「一鏃《いちぞく》もて三関《さんかん》を破る時、如何」と言った時の良禅客の氣持ちは、どうだったでしょうか。一本の矢で三つの関所を打ち抜くというんですから、おそらく自信満々だったと思います。すると欽山は「関中の主を放出し看よ」。そして良禅客は「恁麼《さよう》ならば則ち過ちを知りて必ず改めん」。

問題は最初です。自信満々で意氣揚々と「一鏃《いちぞく》もて三関《さんかん》を破る時、如何」。「力山を抜き、氣は世を覆う」などと言いますが、そのように力に満ち満ちて和尚に呈しましたが、和尚はその上をいって、「その証拠を見せよ。関中の主の首を出してみろ。ここに具体的な形で出してみろ」、と言ったのですね。それに対して、良禅客は「恁麼《さよう》ならば則ち過ちを知りて必ず改めん」と言った。これはどういうことなのでしょうか。

どこに良禅客の良いところを見て取るか。私はそれがつかめなかったのです。どこで私たちの心を揺さぶることをしているのか。そうすると、一番最初の言葉くらいしか出てこないと思ったのです。「一鏃《いちぞく》もて三関《さんかん》を破る時、如何」と言っている言葉そのものが、それなのではないでしょうか。その言葉、そう言っている良禅客に、関中の主を見なくてはいけない。それが和尚には見えたのか見えなかったのか。「人を殺さば血を見るべし」ですね。証拠を出せ、というのです。

しかし、そこで良禅客の面《つら》を見ているのですから、そこで本物か偽物か、判断できなかったのでしょうかね。「わしのために矢を発してみよ」などと言っていますが、もしかしたら良禅客に射抜かれていたかもしれませんね。張り倒されてしまうかもしれません。ばかなことを言っている。私にはそれは良しとは思えません。欽山は良禅客の心がわかっていないのです。私はこれに関して、欽山は全くだめだと思っています。

頌の方に行ってみましょう。私の偏見かもしれませんが、欽山に全くいいところのないこの本則を、雪竇がなぜ取り上げたのか。碧巌百則の中に入れたのかを見てみたいと思います。

主となり客となる

「君の与《ため》に放出す関中の主」。ここです。「関中の主」。これに目を注いで取り上げたのです。おそらく、雪竇も欽山を良しとはしていないと思います。

「君」は誰のことでしょうか。欽山和尚のことでしょう。欽山のために、良禅客が関中の主を放出した、と雪竇は見ているのです。もっと広く取れば、欽山和尚というのは我々です。我々一人一人のために関中の主を放出した。それをしたのは良禅客だと読めるのではないでしょうか。

「箭を放つの徒」。ここでは良禅客ですね。「奔《もう》鹵《ろ》なること莫れ」。奔鹵は中途半端な、という意味。中途半端ではだめだぞというのです。「箇の眼を取れば耳必ず聾《ろう》し、箇の耳を捨つれば目双《ふたつ》ながら瞽《こ》す」。

「取れば」とはどういうことでしょうか。「奔《もう》鹵《ろ》なること莫れ」と言っていますから、臨済禅師のいう、全体作用で突かなきゃだめだぞ、と言っているのですね。この眼を取れば、耳も必ず聞こえなくなる。「取れば」は眼を取り去ってしまえば、目を使わなければ、と言っています。目一つでも使わないと、もう全体作用にはならない。どんなに聞き耳を立ててても聞こえない。目も耳にして聞く、全身全霊でもって、全身を目にして見る、全身を耳にして聞く、と言っているのです。それが「奔《もう》鹵《ろ》なること莫れ」なのです。「箇の耳を捨つれば目双《ふた》つながら瞽《こ》す」。耳の方から言えば、片耳でも両耳でも捨てれば、目玉がふたつともだめになるぞと。

「憐《め》ずべし一鏃もて三関を破る」。憐れむべし、愛すべしとも読むようです。一つの鏃で三関を破するのは、すごいことだ。「的々分明なり箭後の路」。的々、はっきりと。分明、明らかである。矢を射た後の路は、はっきりと明らかである。

このあたりから面倒になってきますね、というか雪竇の素晴らしい歌詞になってきますね。「君見ずや」、皆さんは見てくれましたか。「玄沙言えること有り」、玄沙師備禅師が言っていることがありました。「大丈夫は天に先だって心の祖となる」。大丈夫というのは、大丈夫人、力と徳を持った人です。「一鏃もて三関を破る」ような強弓を射た後に出来上がる路はどんな路か。

臨済禅師の言葉を思い出してほしいと思います。法とは何か。仏法の法です。臨済禅師に言わせれば、みんなみんな法を求めるためにこの世に生まれてきた。仏もそうだ、というのです。我々だけでなく、お釈迦様も祖師方もそうだ。法とは何か。心の法だ。我々の心ですね。心という法だ。

では心とは何か。短い言葉で言っています。「心法は形無くして」。心には形が無い。だから見えないけれど「十方に通貫し」、十方に満ち満ちているのだ、十方に貫き通っているのだ。そして、「目前に現用す」、目の前に働いているぞ。まさに皆さんの言う「今」です。「今ここ」です。

良禅客が「一鏃《いちぞく》もて三関《さんかん》を破る時、如何」と言った時に、もうそこに働いているのです。欽山の前で働いているのに、それを認めず、「関中の主を放出し看よ」とやった。これはいいですよ。より厳しいことかもしれません、私はこの後が問題だと思います。三関を破するというのは、何もかも破るということ。いったい一本の鏃で三関を破ることなんかできるのか。

私たちは、それを無字でやっています。無の一字を拈提することで、これをやっているわけです。何もかも破っていく。自己はもちろん、妄想雑念、仏様すらも破っていく。無とは何もないことですから。「的々分明なり箭後の路」というのは、何もないという世界。まさに「心法は形無くして」というところにこそ、箭後の路を見るわけです。

矢のたどった路がはっきりと見て取れる。我々の命の働きは、十方世界に満ち満ちている。その証拠に「目前に現用す」。誰の目か。説法する臨済の目の前で、説法を聞いているあなたがたのところに、ピチピチと働いている。私たちはそう言われてもぽかんとするほかありませんが、良禅客は違ったでしょう。「一鏃もて三関を破す」と言っているのですから、自信満々で出てきて言い、それにもかかわらず和尚は認めてくれなかった。最後まで読むと、どうしても欽山和尚はいただけないと言わざるをえないが、私は良禅客の言い方も良くないと思います。違う言い方をすればよかった。「放出し看よ」と和尚に言われて、「恁麼《さよう》ならば則ち過ちを知りて必ず改めん」と、わけのわからないことを言ったのが、良禅客のミスです。だから誤解される。

主というあり方を思っていただきたいのです。臨済録の素晴らしさのひとつは、人と人との関係を表に出すことです。お釈迦様も祖師方も、法を求めるためにこの世に生まれてきた、我々とちっとも変わらないと言います。人と人との関係にまで目が届いているのですね。

そして臨済録の奥の院は、賓主互換というところにあると私は思います。私とあなたが入れ替わる。私があなたで、あなたが私という世界を、開いてくれているのです。そうしますと、これが臨済録の極意だとしたら、主とあるでしょう。それに対するのは客。環境でもいいでしょう。たとえば「随処に主となれば」、どこでも主となれれば、「立処皆真なり」という言葉があります。環境まで真になるのです。真なるものにしてしまう。随処に主となると、主にこだわっていたら、随処で主になれるでしょうか。いつも自分が主人公だと思っていたら、なれないでしょう。それが賓主互換のところです。ある時には主客が入れ替わる。そういう力があってこそ随処に主となれるのです。

私が喋っている時、皆さんは聞いてくれています。皆さんが何か言う時は、私が聞く立場に立つ。話し手を中心として、周りがそれを聞く。入れ替えが出来てこそ初めて、随処に主となれるのではないでしょうか。

ですから、ここでわけのわからないことを言わないで、「関中の主を放出し看よ」と言われたら、出せばよかったんですよね。ところが難しい形で出してしまったのです。

「恁麼《さよう》ならば則ち過ちを知りて必ず改めん」。スッと引いてしまい、主から客になってしまった。これでこそ、関中の主なのです。ところが、そういう心の動きを、欽山は全然わかっていない。「更に何時をか待たん」という。良禅客はへりくだっていますけれども、関中の主をそこに放出しているのです。「更に何時をか待たん」というのは、和尚が全然わかっていない証拠です。

良云く、「好箭放つに所在に著《つ》かず」。ちゃんとお答えしておりますのに、和尚にはお分かりいただけないようですな。そんな感じですね。諦めて出て行く、すると和尚が呼び戻します。首を巡らすと、和尚は良禅客の首か何かを捕まえて「一鏃もて三関を破ることは即ち且《さ》て止《お》く。試みに欽山の与《ため》に箭《や》を発し看よ」。危ない危ない。どうなるかわかりません。さあ、ここでやっていいことかどうか、良禅客はためらったのかもしれません。ここでの擬議がとてもいいですね。徹底して客になっています。欽山を立てている。欽山に恥をかかせまいとしている。

ところがそれを知らない欽山は、能天氣にも七棒を与えた。「且《まず》は聴《まか》す、這《こ》の漢疑うこと三十年なることを」。そんなことではお前は三十年間こんなことを繰り返さなくてはならないぞ、と言っていますが、そんなことはないと思います。

関中の主の自覚

「憐《め》ずべし一鏃もて三関を破る、的々分明なり箭後の路」。「箭後の路」は矢の通った路。無の道。我もなければ世界もない。尽大地、塵一つない心境で捉える矢じりの道。「君見ずや、玄沙言えること有り、大丈夫は天に先だって心の祖となる」。天地自然と言います。明治時代の歌がありましたね、「空にさえずる鳥の声、峯より落つる滝の音」でしたか。天地自然。心の外なのですから、天地が生まれる以前。天地が生まれてからではなく、天と地が分かれる以前にある、心を使っていく主人公が、自覚されなくてはならぬ。その主人公こそが、関中の主だと言っているのですね。天地が分かれる以前ですから、仏様も祖師方もいない。お釈迦様が生まれる前、達磨さんが生まれる前からある心を使っていく、自覚していく。それが関中の主の自覚だというのですね。矢じり（客）を主に一転させるもの。

そうすれば十方に通貫しているのですから、主客など問題ではない。主となろうが客となろうが、自由自在。そこにめちゃくちゃな自由が生まれる。十方に通貫しているのが、私たちの命の実際です。大切なのはそこだと思います。十方に通貫する命を、どう自覚するかです。これができた時、これ以上の喜びがあるでしょうか。そういう喜びに誘ってくれる何かがなければ、禅問答は嘘になると思います。この一事をはずさなければ、皆さんは自由に読み込んでくれていいと思っております。私の見方は一つの見方です。

　最後に垂示に行きます。「垂示に云く、諸仏曾て世に出でず」、これは何もないところですね。仏様が世に出たということもない。「また一法も人に与うること無し」。お釈迦様が我々に法を伝えたということもない。「祖師曾て西来せず」。ダルマさんが西の方からやってきたということもない。「未だ嘗て心を以て伝授せず」。直指人心、見性成仏なんてこともない。「自是《もと》より時人了せず」。もとより、時の人はこんなことを言ってもわからない。そこで「外に向って馳求《おいもと》む」。

　これではっきりわかると思いますが、我々の心、我々の命は、諸仏が世に出る出ないに関わらずあるのです。その心が大事なのです。自分の脚下に大きな大きな命があるにもかかわらず、それに目を向けないで、他に向かって追い求めている。「殊に知らず、自己脚《あし》跟下《もと》の一段の大事因縁」。これがまさにそうです。

　十方に通貫してこそ命です。「千聖《せんしょう》も亦た摸索不著《さぐりあてられざる》を」。千人の和尚方が現れても、さぐり当てられるものではない。だから達磨さんも自分の名を問われて、「不識」、知らんというくらい、大きな大きな命。

しかし今、どうかというと、「只だ如今《いま》見と不見、聞と不聞、説と不説、知と不知、什麼処《いずこ》よりか得来たる」。「若し未だ洞達《とうだつ》する能わずんば、且《まず》は葛藤窟裡《かっとうくつり》に向いて会取《えしゅ》せよ」。いったいどこから、見と不見、聞と不聞、説と不説、知と不知などを得てきたのか。十方に通貫する世界に達したなら、知と不知なんて問題ではないではないか。そういう大きな心、大きな命にお目にかからなければ、「葛藤窟裡《かっとうくつり》に向いて会取《えしゅ》せよ」。葛藤窟裡が公案です。

そこで本則を見てほしいというわけです。そして本則を通して、「大丈夫は天に先だって心の祖となる」。天が生まれる以前にある心を生み出しているのが、大丈夫人。それは我々一人一人だと言ってくれているのです。我々がそれを自覚できるかどうかが、大きなところ、一大事でしょう。

「天地別れざる以前からの心を使っていく主人公、それが関中の主。関中の主が自覚されなくてはならぬ」。かつて講座台から獅子吼された無文老大師のこの言葉を、古今に通ずる永遠《とわ》の急務として挙げさせていただきます。

如何なるか是れ不揀択——第五七則「趙州至道無難」

【垂示】垂示に云く、未だ透得せざる已前は、一《ひとえ》に銀山鉄壁の似《ごと》し。透得し了るに及べば、自己は元来《なんと》是れ鉄壁銀山。或は人有り、且《そ》も作麼生《いかん》と問わば、但だ他《かれ》に道《い》わん、若《も》し箇裏《ここ》に向《お》いて一機を露《あらわ》得し、一境を看得せば、要津を坐断して、凡聖を通さざるも、未だ分外と為《せ》ずと。苟或《もし》未だ然らずんば、古人の様子《てほん》を看取《み》よ。

【本則】挙す。僧、趙州に問う、「『至道は難きこと無し、唯だ揀択を嫌う』と。如何なるか是れ不揀択」。州云く、「天上天下、唯我独尊」。僧云く、「此れは猶お是れ揀択」。州云く、「田庫奴《でんしゃぬ》、什麼処《いずこ》か是れ揀択」。僧、語無し。

【頌】海の深きが似《ごと》く、山の固きが如し。蚊虻《ぶんぼう》空裏の猛風を弄し、螻蟻《ろうぎ》鉄柱を撼《ゆる》がす。揀《えら》び択《えら》ぶ、当軒の布鼓《ふこ》。

銀山鉄壁・鉄壁銀山

「垂示に云く、未だ透得せざる已前は」。まず、透得とは、何を言っているのでしょうか。山田無文老大師がよく言われていた言葉ですが、呼吸をしますね。単布団の上に坐って、腹式呼吸をして坐禅をしていく。氣を丹田に満たしていく。丹田がだんだんと満ち満ちていく。それを風船玉に見立てて、最初はしぼんでいるものに空氣を入れて、呼吸で大きくしていくのですが、ある程度の大きさになったときに、小さな針一本、当てるというのです。そこに、ほんの僅かな空間ができる。すると、いっぺんに破れる、爆発する、とよく言っておられました。これが透得と言えるでしょう。

小さな穴から風船が破れ、空氣中に出る。より大きな空間に出るということです。公案というのは全てそういうもの。至道無難というこの公案も、風船玉がちょっとした風穴から破れ、大氣と一如となるということ以上ではない、ということだと思います。

ほんのわずかな穴でいいのです。それが生まれると破裂し、大氣と一体となっていく。わずかな出来事でいいのです。お腹を充実させておりますと、なんでもないこと、常識では当たり前のことが、当たり前でなく作用する。それはいつも外側からだ、というのです。自分の内から起こるのではないのです。外からの何かの助けを借りて、破裂するのです。

そうなる以前はどうかというと、「一《ひとえ》に銀山鉄壁の似《ごと》し」。至道無難という公案が全くわからない、手のつけようがないというのです。

「透得し了るに及べば」、ところがプロセスを経て透得してみると、「自己は元来《なんと》是れ鉄壁銀山」。鉄壁銀山なのは自己だったということです。自己が元来、鉄壁銀山だったのだ。

「或は人有り、且《そ》も作麼生《いかん》と問わば」、あるいは人があって、それはどういうことですか、というと、「但だ他《かれ》に道《い》わん」、その人に言いたい。「若《も》し箇裏《ここ》に向《お》いて一機を露《あらわ》得し、一境を看得せば」。

この道場では、「透得せざる已前」には、趙州無字を持ってきます。犬にも仏性があるかと問われた趙州は「無」と答える。それはどういうことか、参究させられます。それを通ってみると、つまり「透得し了る」と、なんと自分のことだった。それが「自己は元来《なんと》是れ鉄壁銀山」。鉄壁銀山だったのは、無字ではなく、自己だった、という思いになる。

それはどういうことですか、と人から問われたらこう言いたい、というのですね。「若《も》し箇裏《ここ》に向《お》いて一機を露得《あらわ》し、一境を看得せば」。無字に関しては、無字を渡せ、と迫るわけです。それができたら、「要津を坐断して、凡聖を通さざるも、未だ分外と為《せ》ずと」。そういうことがはっきりわかるぞ、できるぞ、となる。

無字を渡すというところに、「一機を露得《あらわ》し、一境を看得する」ということがあるのです。そうして初めて無字を渡すことができるからです。それには二つがないといけません。一機と一境です。主観と客観ですね。その両方がはっきりして初めて、無字を渡すことができる。

「要津を坐断して、凡聖を通さざるも、未だ分外と為《せ》ずと」。要津は大事な港。それを居ながらにして自由自在にし、我々凡人はもちろん、聖人が出てきても通さない。そういう大力量が出たとしても、そんなことは特別なことではないと言い切れるぞ、というのです。

それは何かというと、「一機を露得《あらわ》し、一境を看得せば」。具体的には、無字を渡せと言われて、さっと渡すことができたら、もう、「要津を坐断して、凡聖を通さざる」。具体的にいうと、ここでは趙州和尚の力量を言っています。たたえているのです。が、そんなことができても、大したことじゃない。そう言い切れるようになるぞ、と言っているのです。「苟或未《もし》だ然らずんば」、もしそこがはっきりしないならば。「古人の様子《てほん》を看取《み》よ」。趙州和尚の手本を見なさい、と言っているのです。

天上天下、唯我独尊

それでは、その手本、本則を読んでみましょう。「挙す。僧、趙州に問う、至道は難きこと無し、唯だ揀択を嫌う、と」。三祖僧璨禅師の言葉だったでしょうか。ここでいうならば、揀択しないということです。「如何なるか是れ不揀択」と問うたわけです。するると趙州和尚は「天上天下、唯我独尊」と答えた。皆さんご承知のように、お釈迦様がこの世に生まれた時、七歩歩いて「天上天下、唯我独尊」とおっしゃった。右手を天に差し上げ、左手で地を指差して。天にも地にもただ我ひとり尊い。こう答えたのは、どういうことでしょうか。

さらに僧が尋ねます。「此れは猶お是れ揀択」。それは揀択ではありませんか。「天上天下、唯我独尊」なんて、揀択もいいところではないですか、と尋ねます。

ここで趙州はピシャリと言います。「田庫奴《でんしゃぬ》」、この田舎者め。少々、言葉は悪いですけれど。「什麽処《いずこ》か是れ揀択」。どこに揀択があるか、この分からず屋め。

「僧、語無し」。僧は答えることができなかった。こういうところですが、どうでしょうか。

「揀択を嫌う」は揀択をしない、ということですから、僧は「不揀択」と言っています。それに対して趙州和尚は「天上天下、唯我独尊」と言っているのですね。天にも地にも唯だ我ひとり尊し。これは揀択でしょうか。お釈迦様はどのような氣持ちで言ったのでしょう。

誰かが言っていましたが、赤子として生まれ出てきた時が完全なのだそうですね。そこを捉えて、「天上天下、唯我独尊」といった。成長するにつれて、この世の垢にまみれてしまう。「童心は祖心に通ず」という言葉がありますが、大きくなるにつれて、祖師方の心と離れていくということもあります。

「天上天下、唯我独尊」は差別でしょうか。差別、平等を超えた独尊です。両方を抜きん出たところにある、独り尊し。自分一人だけではなく、みんなそれぞれが独尊なのです。その証拠に、お釈迦様はお悟りになった時に、みんな仏だと言っています。自分だけが悟っているのではない。人間だけでなく、山も川も犬も、ということになります。

ところがこの僧は、そう取らなかったわけです。「此れは猶お是れ揀択」。差別じゃありませんか、という。そこで趙州は「田庫奴《でんしゃぬ》」と決めつける。どこに差別があるか。するとこの僧は、趙州和尚の前では何も言えなかった、という話なのです。

頌に行きます。「海の深きが似《ごと》く」、これは何を言っているのでしょう。趙州和尚が「天上天下、唯我独尊」といったところを捉えていると言えないでしょうか。

「山の固きが如し」。これは何でしょう。本則に即して言えば、「田庫奴」といったところと言えないでしょうか。

まず僧が趙州に尋ねる。「至道は難きこと無し、唯だ揀択を嫌う、と。如何なるか是れ不揀択」。理屈から考えればわかります。揀択の立場からすれば、全くそうです。趙州和尚の答えを聞きたいと、引き込まれるところですが、趙州は引き込まれません。「天上天下、唯我独尊」と答える。これが「海の深きが似《ごと》く」。まことに、趙州和尚の境涯は深い。そのような難問を、天上天下唯我独尊と一語であしらった。

「山の固きが如し」はその次です。「猶お是れ揀択」と僧は食い下がりますが、「田庫奴」。食い下がられても問題にしない。銀山鉄壁です。

そして、「蚊虻《ぶんぼう》空裏の猛風を弄し、螻蟻《ろうぎ》鉄柱を撼《ゆる》がす」。まさに質問した僧と趙州和尚を謳い上げているのです。蚊や虻が何もないところ、大空に起こる猛風を弄する。蚊虻が質問者、趙州和尚は空裏の猛風なのでしょう。螻蟻はケラやアリ。それが鉄柱、鉄筋コンクリートに食いついているようなものだ。鉄柱が趙州、螻蟻が僧でしょう。

「揀《えら》び択《えら》ぶ」、分別の限りを尽くしても。「当軒の布鼓《ふこ》」、この家の布でできた太鼓。つまり、叩いても音が出ないのです。ピンと皮を張り詰めて初めて音が出るのですから、布では音は出ません。どんなに叩いても音が出ない。これは趙州和尚の境涯を唱《うた》っているのでしょう。どのように理詰めで叩いても、趙州和尚の境涯には届きっこないぞ。趙州和尚の口からはまともな答えは出てこないぞ。答えは問いの中にあり、という言葉がありますね。問いがしっかりしていてこそ、初めて答えが出るのであって、問いがあやふやでは答えも出しようがない。

自帰依

もう一つ、言いたいことがあるのです。それは、垂示にある言葉。「若《も》し箇裏《ここ》に向《お》いて一機を露《あらわ》得し、一境を看得せば、要津を坐断して、凡聖を通さざるも、未だ分外と為《せ》ずと」。趙州の働きもいまだ特別なこととはしないぞ、という怖い言葉がありました。趙州和尚という方は大和尚です。その働きも、特別なこととはさせない、という。では何なのでしょう。そこを踏んで頌を読み直すと、次のようにも読めるのではないかと思います。「海の深きが似《ごと》く、山の固きが如し」。これは趙州和尚のことを謳っている。問題は次です。「蚊虻《ぶんぼう》空裏の猛風を弄し、螻蟻《ろうぎ》鉄柱を撼《ゆる》がす」。ここの解釈が異なってきます。蚊や虻、ケラやアリが、趙州の無字を通って無字を渡すことができたらどう変わるか。蚊や虻が大風の中で吹き飛ばされることなく、逆に大風を吹き飛ばしてしまう。大風と一緒に遊んでいる。ケラやアリが、文字通り鉄の柱を揺るがす。全然歯が立たないものに対して、そこまでやっている。そういうふうに取れないでしょうか。揀択、不揀択を超えたところでの働きになっていくのだと思うのです。

「揀《えら》び択《えら》ぶ」、二つとも分別としますと、分別の限りを尽くすのだ。そこにこそ、本当に働く力、分別すべてを吸い取ってしまうような力、打っても鳴らない太鼓がある。

「当軒の布鼓《ふこ》」とは何でしょう。分別を超えるもの。分別、無分別を超えるもの。それはいったい、どんなことなのでしょうか。どんなに分別をしても、分別では鳴らない太鼓。その音を引き出すものは何でしょうか。

それは、風船玉が割れた時の力だと思います。膨らますだけ膨らますと、針一本も要らないくらい、そこで割れる。そこに生まれる力。薄い風船玉の皮がしぼみ、天上天下唯我独尊の大きな命、――それを普通なんというでしょう。その大いなる命、分別も無分別も超えた大きな命を、我々に親しい言葉で言うと、なんと言うか。

「自然」という言葉がありますね。「じねん」とも読みます。自然の力。考えて生まれるのではなく、自然に湧いてくる命の力。その自然法爾の力を、盤珪禅師は不生と言いました。不生の力。我々が造り出したのではなく、自然と私たちの中から、大地から、脚下から生まれてくる力。考え、分別して出てくる力ではないのです。大きな本来の命の力です。

だから例えば、お釈迦様は双樹の下で弟子たちに早く涅槃に入ってくださいと言われますが、拒否しますね。それが自然の力、不生の力です。お釈迦様自身の力ですらない。だから待たなくてはいけないのですね。自帰依という言葉がありますが、自己に帰依したことを成し遂げた。自己に帰依しつくしたから、ここで亡くなる、死ぬということだと思います。

ですが、すばらしい禅宗のお坊さんはみんなそうだと思います。例えば鈴木正三という変わった坊さんが江戸時代前期にいました。この人は亡くなる時、何度も弟子から言葉を残してほしいと頼まれるのです。しかし、頑として何も残そうとしない。そこで弟子たちも真剣に頼み続け、とうとう最後に一つ言ったというのです。

それは「正三は死ぬとなり」。今死ぬのだ、と。何も思い残すことがないのです。この人は生前に何を唱えていたかというと、若い頃の徳山と同じです。即身即仏なんて言うけれども、そんなことあってたまるか、というような人でした。何度もなんども生まれ直して、初めて悟れるという人だったのです。ところが亡くなるときは、そう言うのです。つまり、自己に帰依しつくした。そこで死ぬわけです。

これが自己に帰依するということです。そう思って、亡くなったすばらしいお坊さんの遺偈を見てください。みんな自己に帰依しつくしている。それはどういうことか、そこが大事なところです。

「庵内不死の人」とは

一つ、この言葉を覚えて帰っていただきたいと思います。雲門禅師という唐代末のお坊さんです。「庵内の人、何としてか庵外の事を知らざる」。庵の中の人はどうして庵の外の出来事を知らないのか。直訳すればそうなります。白隠禅師も、なんどもこの言葉を書いて人に差し上げています。

雲門自身があるところで、庵内の人のことに触れているのです。「庵内不死の人」と。庵内の人は死ぬことのない人なのだ。「庵内の不死の人を知らんとせば」と、語りかけているのですね。そこからは意外なのですが、「豈に而今、皮袋を離れんや」と。而今、まさに今。皮袋、かわぶくろです。皮袋は私たちの身体です。今ここの皮袋を、「豈に離れんや」。この身体から離れることができようか、いや、できないぞ、と言っているのです。

皮袋は我々の肉体、色身です。これに対して、庵内の不死の人というのは、法身です。法身、つまり空の体ですから、死なないでしょう。では、この二つの関係はどうか。空の体、法身を何としても見届けたいと思ったら、この私たちの身体を離れては見つからない、この皮袋をおいては探せないぞ。不死の人は、我々の色身と共にある、と言っているのです。ですから、不死の人は、我々のこの身体をおいて別にあるわけではないと言えます。

そうしますと、何か思い出しませんか。臨済禅師と同じことを言っているのです。「心法は形無くして、十方に通貫す」と。心法は形がないから、目には見えない。けれどもないのではない。十方に通貫しているぞ、と。心の法ですから、私たちの身体ではないのです。けれど「目前に現用す」。説法している、わし臨済の目の前で、今現に働いているぞ。説法を聞いている一人一人に、働いているというのです。法を聞いている、聞き取っているという形で、ちゃんと私が話している法を聞けるという形で、そこに見事に働いている、というのが臨済の言い方です。それと全く同じことを、雲門は言っているのですね。

そして、お釈迦様が自己に帰依しつくしたというのは、そういう身体です。そういう法を説ける身体を大事にして、使い切ったと言っているのだと思います。自分は自分の身体を大事にした、それは、そこに不死の人がいるからです。単なる肉身ではなく、法身でもあるからです。法身を大事にして、同時に自分の色身を大事にする。一つです。不二です。

そこで初めて帰依という言葉が生まれるのです。自己に帰依する。我《が》に帰依するとは言いませんね。私と一緒に法身があるから、不死の人が居たまうから、自己に帰依するのです。自己の色身に帰依して、使い切ってそこで亡くなる。これが帰依の意味でしょう。

けれども自分が亡くなる時、色身が亡くなる時、法身も同時に亡くなる、というのが、お釈迦様のお考えだったと私は思います。お釈迦様はそれでよかったのですが、周りの人は必ずしもそうではない。亡くなる時は悲しいし困るし、それが世の常ですが、そこをお釈迦様は十分に見取って亡くなってゆかれたと思うのです。自分は亡くなるけれども、周りの人が生きている限り、周りの人にとっては亡くならない。そう思って、安心して、周りを心配せずに亡くなったと思うのです。

法を説けるのは色身がある時だけですね。ですから色身のある限り、説くだけのことは精一杯、説く。亡くなっても周りの人は、お釈迦様を思い出せばいいのです。法を大事にしなさい、あなた自身を大事にしてください、と言って亡くなったわけですから、――自帰依、法帰依と言いますね。その二つを軸にして、周りの人が生き続ける限り、お釈迦様は生き続ける。

ということは、お釈迦様も大いに変わっていきますね。成長するかもしれないし、堕落するかもしれない。それは周りの人次第ですね。周りの人が、ああそうかと、お釈迦様の言葉に納得するときには、お釈迦様は大いに喜んで、弟子とともに成長するのでしょうね。それしかありませんね。後は、一人一人に委ねるしかありません。

そういう形で、みんな、禅宗の僧侶は同じことを言って亡くなっていくように思うのです。お釈迦様も祖師方も、全く同じ、そこを生き抜かれたと思うのです。

唯だ揀択を嫌う――第五八則「趙州時人窠窟」

【本則】挙す。僧、趙州に問う、「『至道は難きこと無し、唯だ揀択を嫌う』と。是れ時人の窠窟《かくつ》なりや」。州云く、「曾て人の我に問う有り、直得《つい》に五年分疎不下《ときあかしきれざる》なり」。

【頌】象王は嚬呻《うな》り、獅子は哮吼《ほ》ゆ。無味の談、人の口を塞断《ふさ》ぐ。南北東西、烏飛び兎走る。

最晩年の問答

この則は、百二十歳まで生きたと伝わる趙州和尚の最晩年の問答だと思います。「挙す。僧、趙州に問う」、ある僧が趙州和尚に問うた。「至道は難きこと無し、唯だ揀択を嫌う、と」。これは信心銘の冒頭に出てくる言葉です。三祖僧璨禅師の言葉です。これを趙州和尚が非常に愛し、いろんな形で問題として取り上げているのです。

「是れ時人の窠窟《かくつ》なりや」。時の人ですから、そのときそのときの人、と読んでもいいですね。今の人、現代に生きている我々、とも読めるでしょう。窠窟は鳥や獣の巣。窮屈なところです。時の人が窠窟に落ち込んでしまって、そこから出られない。出て自由に走り回れない、となってしまっているのではありませんか、という質問をしたのだと思います。

それに対して「州云く」、「曾て人の我に問う有り」、前にも人からそんな質問を受けたことがある。

「直得《ついい》に五年分疎不下《ときあかしきれざる》なり」。「直に得たり」、質問を受けたそのときから今までずっと、五年ほど、解き明かしきれない。五年前からずっと答えられないままでいる、と返事をされたのです。無責任なような答えですが、どうなのでしょう。これが、今日のところです。

「至道は難きこと無し」というのは、――至道というのは道に至ることですね。至極の道ですが、それは難しいことではない。「唯だ揀択を嫌う」、好き嫌いをしなければいいのだ。好き嫌いが、道を歩むことを難しくする。人生の道でも、禅の道でも、お茶の道でも、道に難しいことは何もない。ただ、選り好みしなければいいだけだ、という感じです。

しかしそう言われても、それは非常に難しい。「是れ時人の窠窟《かくつ》なりや」。かえってこの言葉が、今を生きる人たちを苦しめているのではありませんか。趙州和尚が愛して使った言葉への憤懣をぶつけているのです。

すると趙州は、前にもそういうことを聞かれたことがある。それ以来五年ほど、何ひとつ解き明かすことができないままでいる、と話す。

いかがでしょうか。この公案を取り上げたのは、頌をつけている雪竇さんです。雪竇の見方が頌に現れていますが、その前に皆さんはどう考えますか。

頌を、雪竇の思いを読んでみましょう。

「象王は嚬呻《うな》り、獅子は哮吼《ほ》ゆ」。誰を象王、獅子に見立てているのでしょう。一般的な常識で言えば、象の王様とは仏様のことです。獅子は祖師方のことを言います。そういう暗黙の了解がありますが、ここでは二つに分けているのでしょうか。それとも、そんなことは構わずに言っているのでしょうか。

この僧堂の前門には、横額がかかっていますね。「獅子窟」と書いてあります。ここにいる者は一人残らず、祖師方になる雲水だぞ、と言ってくれているのです。象王は仏様の禅を如来禅と言います。達磨さんがはるばるインドからやって来てから以降は、祖師禅と言います。しかしここでは、それはお構いなしだと思います。象王も獅子も、二つとも、趙州和尚をたたえて謳い上げているのですから。

「無味の談」、味のない話。これを語っているのは誰でしょう。これまた趙州和尚です。「人口を塞断《ふさ》ぐ」。なぜ塞いだのでしょう。質問者はあっけにとられて口を塞がざるをえない。無味の談が見事、僧の口を塞いだぞ、ということでしょう。

そして、その次が大事です。「南北東西、烏飛び兎走る」。「走る」と書いて「わしる」と読むという口伝があります。皆さんもそう読んでください。さて、これはどういうことでしょうか。

ここが、自由自在のところです。めちゃくちゃな自由。それをここに置いているのです。南北東西にカラスが飛んでいく、ウサギが走っている。これがめちゃくちゃな自由です。これを本当に自由だと捉えることができたら、その人はめちゃくちゃな自由を獲得したと言えるのです。

すばらしいところを、しっかりと払い落としきることが禅には必要です。煩悩や妄想は、私たちから去ってほしいものです。いつでも出て行ってほしいけれども、なかなか出て行かない。神や仏は、とどまってほしいと思いますが、禅は両方に出て行ってもらいなさいというのです。

煩悩妄想は、坐禅して禅定に入ることで、出てこないようにする。仏様、良きものを慕うのも、だめだ。それにも出て行ってもらいなさい。一度全てのものを自分から追い出す、または閉じ込める。そうして遮断、截断して、無一物になりなさいという。それが禅なのです。そこから本当の禅が始まるというのが、中国の祖師禅です。

赤丸と不生の仏心

ですから、ある意味では、お釈迦様からも離れなくてはならない。これはどういうことでしょうか。祥福寺では五月二十四日に、年に一回の授戒会をします。戒脈というのを渡すわけです。私はここに来て十五年たちますが、先回初めて氣づいたことがありました。お釈迦様は関係ないといっても、全然傷つかない、かえって喜んでくれると確信しています。今、戒脈を取りに行ってもらっていますので、そのことに氣づいてもらいたいと思います。戒脈というのは、戒の流れということでしょう。

戒脈が届きましたね。全体はこれです。折ります。もう一つ折ります。そしてさらに半分に折ります。そして、こう折りますと、この大きさになり、紙袋に入ります。これを広げていきます。これをまずこう広げ、また広げます。そしてこの次、この折り目を下に下げる。そうすると、紙の大きさは変わりませんね。どうでしょう。こういう形になります。

そうしますと、ここに釈迦牟尼仏と書いてある。そして、頭に赤で丸印。そして最後にも丸い赤印がある。これが受戒した人。ですから、ここにお釈迦様がいるけれども、お釈迦様もここから生まれてきたのだ、ということなのでしょう。お釈迦様が造ったものではなく、自覚した最初の人だと思ってもらえばいい。何を自覚したのかというと、生き生きとした、生きている命。それがこの赤丸だと思います。盤珪禅師の言葉で言えば、不生の仏心。造ったものではなく、両親からもらったもの。生きとし生きるものの本当の命を、この赤丸で示したのだと思います。

いろんな言い方ができると思います。大事なのは中が空っぽだということ。空っぽにするためには、ここにお釈迦様がいてはだめなのです。お釈迦様も、「その通り！」と言ってくれると思います。まずは煩悩妄想は捨てなくてはだめです。その上でそうなって初めて、本当にお釈迦様の意にかなうのだと思います。

空っぽになれば、あとはそこに自然に生まれてくるものがある、ということだと思うのです。それが不生。盤珪さんの切り札です。そこから生まれるものがある、けれども、それは造ったものではない。お釈迦様が造ったものでもなく、自覚しただけだと。そこに、かけがえのない自覚の大事さがあるわけです。

不生とは、造ったものではなく、自ずと生まれてくる、という意味です。仏心というのは、造りたくても造れるものではなく、したがってコンピューターでは造れません。自ずから生まれるのだ、不思議です、妙です、一人一人の中に、脚下に、です。不生の仏心というものが、何もないところから産み出されるわけです。

誰が造り出すか。それは仏さんです。自然と出てくる。造られてくる。それを一番徹底すれば、臨済録にある「赤肉団上に一無位の真人あり」です。一つは赤肉団。切れば赤い血が出る私たちの身体。これは色身です。目にも見える。一方にこの色身、赤肉団があり、もう一方に一無位の真人、姿形がありませんから居場所の定められない真人が同居しているのです。まことに妙です。生きている限り、赤肉団があれば、無位の真人もあるというのです。不二なのです。

臨済録はまた、赤丸のことを次のように考えてもいいと言います。「十方に通貫」するような、大きな命。通貫し、今現に、「目前に現用す」る、今働いているという。目でものを見ているそこ、耳で聞いているそこだ、と言ってくれています。「目前に現用す」とは、臨済禅師の目の前。臨済禅師が話をしている、その前で、聞いているみなさん一人一人の赤肉団に働いている。そういう、目には見えない大きな生きた命がこれです。

その前に、臨済録は「心法」という文字を出しています。心という話になると、私はこの話がしたくなります。山岡鉄舟の話がいいですね。鉄舟さんは臨済録を本当に読み込んだ人だと思います。だからこそ、あそこまで自由に使えるのです。

一刀流の名を無刀流に変えました。苦労に苦労して勝てなかった人があり、修行に励んでも、なかなか敵わなかった。ある時ついにできた時、相手の人は喜んで、免許皆伝をくださった。それで、伝書を読んだ上で、一刀流という流派名を、無刀流に変えるのです。一刀流の伝書をもらい、何一つ内容は変えないで、一刀流を無刀流に変えた。そう変えられるところがすごいと思います。

なぜ変えたか、理由を書いています。「刀なければなり」というのです。刀なんてない。我々がこんなことを言っても、相手にされませんが、あの鉄舟翁が言うのですから、すごいことですね。

では何があるのか、聞きたくなります。すると「心があるだけだ」という。心があるだけで、刀はない、というのです。ここで最初のことを思い出してください。「心法は形無くして」、形がなければ何もないのかというと、そうではない。十方に貫き通っている。働きに働いている。ただ目に見えないだけだという。十方に働いているというのが、心法です。

「云何なるか是れ法。法とは是れ心法。心法は形無くして十方に通貫し、目前に現用す」。心法そのものは姿形が見えないが、十方に貫き通り、生き生きと働いている。十方に通貫しているのですから、目の前でもピチピチと働いているはずです。目の前で働いている。そういう命がこれですね。一無位の真人もそうですが、姿の表しようがない。けれども、必要に応じて出てくる、それが不生の仏心です。受戒した人のところにも、自然と生まれてくる。

仏向上——めちゃくちゃな自由

お釈迦様もそこを生きたのです。初めてそれを自覚して、こういう生き方を見つけ出してくださったお方、ということです。お釈迦様という人が過去に出たおかげで、私たちも今、それを学べるわけです。けれども命そのものはお釈迦様の以前からあり、そこからお釈迦様も私たちも生まれてきた。そして私たちは今現に生きている、同じ命を生きている。

大事なのは、この命です。そのためには、一度はお釈迦様にも消えてもらわなくてはいけない。なぜなら何もないところから自ずと、必要に応じて出てくるのだから。

鏡は前にものがあると、すっと写しますね。ものを引っ込めれば写さなくなります。何もないけれど、その人に問題が起こると、そこにすっと解決の目安になるようなものが出てくる。すごい教えですね。そのためにもまっさらでなくてはいけない。いつも無でいなさい、というのが六祖慧能大師の無一物という教えです。法です。

この則は、趙州和尚のめちゃくちゃな自由を見ているんです。めちゃくちゃでも、しっかり筋が通っているのです。平常心是道、という言葉を馬祖大師が使っていますね。平常心でもある道なのです。ですから当たり前の道。めちゃくちゃでも何でもない。しかしそれが本当にそこに氣づいた人が見れば、めちゃくちゃな自由であり、当たり前でもある。南北東西にカラスが飛び回り、ウサギが走っている。何がめちゃくちゃなものか、ともなりますね。

そのままで、当たり前のままでも、めちゃくちゃに思える。この世界を、向上というのでした。仏のその上。仏向上。一度は仏さんにも退いてもらって、無一物になった時、必要に応じて仏様は帰ってきてくださる。すうっと出てきてくださる。それは、平常心是道といえますし、単示して、平常心とも言えます。と同時にめちゃくちゃな自由という言い方もしたくなる。

ですからこの頌ではまず、象王、獅子の言葉の約束にとらわれず、趙州のことを言ったのだと思ってください。そして無味の談、何もないのですから、まことに味わいようがない。それがかえって、沙門の口を塞いでしまった。そこから、本当の命がほとばしる。そういう道行きが禅の道。

どんな世界が現れるか。当たり前といえば当たり前の「南北東西、烏飛び兎走る」。しかしこの南北東西は、十方に通貫する。十方がどこまで延びているかわからない、そういう南北東西。時間的にはどこまで遡るかわかりません。お釈迦様の前からある命ですから。それが今現に、ここにまで続いている。この広大無辺の場所を、カラス（太陽）が、ウサギ（月）が、自由に飛び走る。

自覚ということ

最後に、もう一度、趙州の言葉に戻ります。「曾て人の我に問う有り、直得《つい》に五年分疎不下なり《ときあかしきれざる》」。これがこの時の、趙州の真っ当な答えなのです。なんとか、答えなくてはならない。答えようと努めるかぎり、力を尽くす。でも、説きあかし切れない。ぎりぎり説きあかし切れない、そこに決着している。それは趙州和尚だからこそ、できることです。

もちろん私たちは、もっともっと説き明かさなくてはいけないと思うし、説けるところはあくまで、説いていかなくてはいけないと思います。けれども、あの趙州和尚にして、最後はここなのですね。ひるがえって言えば、つまり私たちは、どうでもいいことにあまりにも力を使い過ぎていないか、ということです。本当に思うべきことを思わず、どうでもいいことをあれこれ思い過ぎていないか。そういう反省をしますね。

しかし、趙州和尚の真似をするには早い。これは趙州和尚が百二十歳まで生きた、その最晩年の出来事だと思います。わからないことを素直にわからないと言い切り、平然としている。そういう世界が向上の世界。

いい機会なのでお話ししますと、般若の智慧に三つあるといいます。一つが、実相般若。二つ目が、観照般若。最後が、大悲般若、表現般若ともいいます。

実相般若は、鉄舟翁の話で言えば、刀です。素晴らしいなという刀が実相般若。今、刀の展覧会が人氣だそうですね。それに対して、観照般若は私たちのことです。観るということ、観て写す（＝移す）ということです。

ある意味で、実相般若は存在の論理、観照般若は自覚の論理だというのです。どこが違うか。ここで言われていることは、実相般若から観照般若に出ることによって、そこに存在の深まりが出てくるということ。自覚するということは、ただ単に刀が素晴らしいということではなくて、もっと何か深いものがここから生まれてくるということ。別の言い方で言えば、観る私たちに、主体性が生まれてくる、ということです。素晴らしい刀という実相般若を我が身に照らして、味わった時、そこに私たち一人一人の主体性が確立してくる、ということです。その主体性というのは、必ず外から縁を与えられるのだ、と言われます。

当の本人は坐禅しながら、公案がわからないので七転八倒しています。しかしただ七転八倒はできません。その七転八倒をなんとか支えようとして、体がフルパワーを出し切っているのだと思います。力を出しつくして七転八倒している。そこに外から何かが飛び込んでくる。例えば、雨だれの音。それが七転八倒して苦しんでいる修行者のところに飛び込んできた時、その雨だれの音が普段とは違うものとして聞こえてくる。それが七転八倒することの値打ちです。七転八倒していたからこそ、聞こえてくる。そこから、自分の本当の主体性が生まれてくるのだと思うのです。

だから、「直得《つぃ》に五年分疎不下《ときあかしきれざる》なり」は、主体性から出た言葉だと思います。問題に振り回されてわからないということではない。徹底した自覚があって、そういう問題はこれでいいんだという見極めがついた上でのことですね。

「唯だ揀択を嫌う」というのは、揀択が一番、「至道は難きこと無し」ということの障りになるからです。ここでは揀択、好き嫌いを、業識性としています。業識性とは、仏性をくらませるやつですね。多くの人には好き嫌いがある。それは当たり前だと思いがちです。しかし、我々は本来仏。そういう確固とした自覚を持ってもらいたいと思います。好き嫌いなど大したことではない、人を殺したり傷つけることとは違うと思いたいのですが、仏性をくらませる点では同じだということではないでしょうか。

「揀択」、これは一つの例ですが、それが仏性をくらます元になる。なんとか業識性から離れようという確固たる意志を持っていただけませんと、なかなか抜けません。けれども、六祖慧能大師の言われた頓悟のいいところですが、ある時ハッと、業識性が抜けることがある。それが頓悟です。それが私たちの一番の励みになります。いつか突然、これが取れるのだ。でも悟ったからといっても、見性したからといっても、いつ業識性が出てくるかもしれない。それでは、大切なのはいったい何か。どうやってこの赤丸を維持するかが大事になってくるのです。

とにかく一度、正念決定しなさい、それができたら、それを相続しなさい、というのが白隠さんと正受老人の禅なのです。この赤丸を私たちの命としなさい、と呼びかけてやまないのです。

ですからある意味、公案禅は窮屈でもあり、窠窟にもなりがちですが、やりようによっては、これがまた面白いところですね。

至道は難きこと無し――第五九則「趙州唯嫌揀択」

【垂示】垂示に云く、天を該《か》ね地を括《くく》り、聖を越え凡を超ゆ。百草頭上に涅槃妙心を指出し、千戈叢裏に衲僧《のうそう》の命脈《みょうみゃく》を点定す。且道《さて》、箇《こ》の什麼《いか》なる人の恩力《おかげ》を承《う》けてか、便《すなわ》ち恁麼《さよう》なるを得たる。試みに挙し看ん。

【本則】挙す。僧、趙州に問う、「『至道は難きこと無し、惟だ揀択《けんじゃく》を嫌う。纔に語言有るや、是れ揀択なり』と。和尚は如何《いか》に人に為《おし》うるや」。州云く、「何ぞ這《こ》の語を引き尽《つく》さざる」。僧云く、「某甲《それがし》は只だ這裏《ここ》に念じ到るのみ」。州云く、「只だ這れぞ至道は難きこと無し、惟だ揀択を嫌う」。

【頌】水灑《そそ》げども著《つ》かず、風吹けども入らず。虎のごとく歩み龍のごとく行き、鬼号《きさけ》び神《しん》泣く。頭の長きこと三尺、是れ誰なるを知らん、相対して無言、独足《かたあし》にして立つ。

趙州和尚と大燈国師

この則は頌からいきましょう。どういうことを言っていますか。「水灑《そそ》げども著《つ》かず、風吹けども入らず。虎のごとく歩み龍のごとく行き、鬼号《きさけ》び神《しん》泣く。頭の長きこと三尺、是れ誰なるを知らん、相対して無言、独足《かたあし》にして立つ」。一読して、何を思われますか。「水灑《そそ》げども著《つ》かず、風吹けども入らず」。これはどういうことか。これは趙州和尚のことを謳い上げています。趙州和尚という人は、水をぶっかけても一向、平氣な面《ツラ》をしている。大風が吹いてきても、趙州和尚は一向に慌《あわ》てない。我々でしたら、台風が来たら大変心配しますが、全然平氣な顔をしている。そして「虎のごとく歩み龍のごとく行き」、歩く姿は虎のようであり、また空中を翔ける龍のように動き回っている。

ここで大事なのは、「是れ誰なるを知らん」。趙州、ということなのですが、「水灑《そそ》げども著《つ》かず、風吹けども入らず」という言葉と趙州和尚という人は、また違うと思うのです。

「水灑《そそ》げども著《つ》かず、風吹けども入らず」は禅語ですね。それはそれで意味がありますが、禅語よりも趙州和尚の方が大きいというか、それが大事だと思います。これだけじゃないぞと、一部を挙げて趙州和尚を形容しているわけですが、実際の趙州和尚はそれ以上だというのです。

そこを表しているのが「虎のごとく歩み龍のごとく行き」、そしてそれを見たら、「鬼号《きさけ》び神《しん》泣く」。鬼も叫び声を上げずにはいられない、趙州の守護神も感激して涙を流している。

「頭の長きこと三尺、是れ誰なるを知らん」。「頭の長きこと三尺」とはどういうことでしょうか。趙州のことを形容していると思います。我が国の江戸時代、儒学者の伊藤仁斎にこんな話があります。仁斎が門弟に講義をしている時に、たまたま天ということに話が至ったそうです。すると、仁斎は姿勢を正して、「頭上三尺」といったそうです。この三尺です。頭の上三尺離れたところを天といったのです。これとほぼ同じ意味だと思います。「頭の長きこと三尺」、これが趙州そのものだ。

そして「相対して無言、独足《かたあし》にして立つ」。これはどうですか。大燈国師と花園上皇の問答がありますね。大燈国師が「億劫相別れて須臾も離れず、尽日相対して刹那も対せず、この理人々之《こ》れ有り、如何なるか是れ什麽の理、伏して一言を聞かん」。これに対して花園上皇が、「昨夜三更、露柱和尚に向って道ひ了んぬ」と。

これはどういうことですか。私が答えるまでもなく、露柱がすでに答えています、という意味。ではどう答えたのでしょうか。露柱は言葉を発しませんね。そうすると、相対して無言です。それなのに、どうして答えられたのですか。無言だからこそ、答えることができたのではないでしょうか。

体・相・用ならどうですか。露柱は何をしていますか。唐時代の禅僧の華はなんですか。一番素晴らしいところは馬祖ですね。大機大用です。露柱の用、どんな用で答えたのでしょう。国師がご覧になった通りでございますと。「私から答えるまでもございません。真っ暗闇の中で、露柱が和尚に答えております」というのですね。

真っ暗闇の只中で、露柱が露柱としての勤めを黙々と行じている。ですから、行そのものなのです。無言の行。無言で黙々と行じている一事をもって答え切っている。露柱というのは、むき出しの柱。誰にも助けを借りないで、というニュアンスが入ってきます。一人で黙々とお堂を支えている。人知れず、露柱は黙々と柱としての勤めを果たしている。それがこれだというわけです。

そうすると、露柱は相対して無言。無言のままに、一本足で立っている、となりませんか。露柱が露柱として働いているところを表した。我々それぞれが、この世の中のためにお役に立っているところを、「相対して無言、独足《かたあし》にして立つ」と表現したのではないでしょうか。

そうしますと、この「この理人々之れ有り」は、一人の例外もないということ。これが大事だと思います。しかしこれは理に過ぎない。どう自覚できるかが問題なのです。大燈国師だから見て取れたのでしょう。しかし他の人なら、露柱がどんなことをしているかということは見て取れない。なぜなら、当たり前のことだからです。氣づかない。しかし国師ならお分かりでしょう、というのです。

「億劫相別れて」とあります。一劫だけでも長い時間。それに億がつきますから、想像がつかないほどに長い時間を離れて生きていながら、時代を離れて生きていながら、生きるということは、必ず「現在」という点で、同じところを生きています。過去に生きた人は、過去という現在を生きた。そこで同じ条件で生きているのです。我々は令和二年の現代を生きています。今を生きている。その一点で同じです。

「億劫相別れて須臾も離れず」というのは、「今・ここ・我」という点において、言えるのではないですか。「今・ここ」を自分がどう生きているかが核心なのです。それをつかむということ、「今・ここ・我」を自分はこう生きていると、はっきりつかめたというところを自覚といいます。自らに目覚める。自らの命に目覚める。本当はこれだったんだ。これが本当の自分だったんだ。自分本来の命に目覚めることを自覚というのです。

自覚した時、本人はどんな状態でしょう。無一物。何もないから自覚できたのです。悟れたのはなぜか、無一物になったから。無一物という自覚と、諸法実相という自覚は同時頓起です。どちらが先とは言えない。自分が無一物だというところに立って初めて諸法実相だとわかる。諸法実相ということがわかって自分を振り返ってみたとき、「ああ、こうだった」とわかる。それがとてもとても大事なことだと思うのです。

無一物と諸法実相

まさに趙州和尚というお方は、それを理屈でなく、地で行った方だったというわけですが、一方で理も大切ですね。この理のところを公案体系では、なにで押さえていますか。「理致」です。そして、「機関」は働き。自己と万法とがかなうところですね。一如になるところ。人と境とが一つになるところ。そこを機関という。機関が一番大事だという方も多い。ここに公案の命がある。

しかし公案の真髄は、最後の「向上」の世界にある。向上の世界とは、仏のその上。いわゆる、平常心にかえっているということを指しています。平常心是道。神や仏なら特別な人だから、道にかなっているはずですが、そうではなく、普段のままで道にかなうのは難しい。そこに向上の世界の真髄があると思います。今ここ、難しい現実の真っ只中で、神や仏のように生きて行く。そこを向上と押さえるのです。

そして、修行者としての基本は、四料簡でいうと、どこにありますか。無字の公案が教えてくれるように、「奪人不奪境」です。人を奪って境を奪わず。だから無字を課せられるのです。無字は自分を否定していく、無にしていく。自分を破っていくことの極致で、万法と一つになる。諸法実相の世界に至る。

そうすると、「奪人奪境」とは、人間本来の姿。何もない。しかし、修行者はそれではだめです。上求菩提、上に菩提を求めるのが修行者の基本ですから。奪人不奪境。自分の方を否定していく。しかもそれを宋時代の達眼の人は、趙州の無字を課してさせたわけです。姿勢を正し、呼吸を整えて、自己を殺し尽くしていく、その極致のところに諸法実相の世界を用意した。そういうことだと思います。

そして、もう一つの大事は、しかし人間の本来はそんなことは何一つ必要ないんだということ。そのままですべて調っているんだという本来性ですね。そこで臨済禅師は「修行なんてないんだ。悟りもない」と言います。けれども修行者としては、悟りを求めてもらわなくてはならない、としたのだと思います。しかし本来の姿、一時代前の唐時代の人たちは本来を生きていましたから、坐禅なんて必要ないんだ、と言うわけです。しかし宋時代になって、我々は少しでも早く唐時代の禅者の生き方に近づきたいというのであれば、姿勢を整え、坐禅をせよ。自分では自分をなかなか殺せないけれども、定力、禅定力の力を借りて、自然に自分を殺していけ。そういうところに案内しようとしたと思うのです。

ですから、自分が殺し尽くしたのではない。禅定力という助けを借りて、自分を殺していく。そしてハッと氣付いた時、全てが輝いている。そういう時、自分を見ると、全く何もない状態。そこに初めて、すべてのものが輝いて見えるということが起きる。そこで人と境が一つになる。二つに別れない。それにはどうしても理致の公案が必要だと、宋時代の人たちが見定めたのだと思います。

そう思って今度は、宋時代の圜悟禅師が示した垂示を見てみます。

「垂示に云く、天を該《か》ね地を括《くく》り、聖を越え凡を超ゆ」。これはどんなところをうたっているでしょうか。大死一番です。大死一番は用、働きなのです。いろんなものに出会い、それをぶった切ったところ。そこで訪れるのが大死。単なる死ではなく、大いなる死。そこで大死という用に即して、大用に即して現れ出るものは何か。境としては諸法実相、人としては無心、一無位の真人です。

この現れ出るところを「天を該《か》ね地を括《くく》り」と、謳ったのです。大死一番ですから、何もない。天もなく地もない世界を突き破るように、無から有に転じていく。その転じ方が「天を該《か》ね地を括《くく》り」。天を動かし、地を揺すりながら、無という真人が姿を表す。天地いっぱいのものとなって少しずつ姿を表す。それは聖とか凡とかいう差別を絶した世界なのです。

「百草頭上に涅槃妙心を指出し」。これは向上の世界に通じていく。花壇なんかではなく、野草の世界で十分なのです。見渡す限りの、いろんな野草が咲いている。その野草一つ一つに、「天を該《か》ね地を括《くく》り」ですから、涅槃妙心を指出する。

「千戈叢裏に」、戦争です。禅問答のこと。あの厳しい祖師方の禅問答の叢のうちに、「衲《のう》僧《そう》の命脈《みょうみゃく》を点定す」。命脈です。衲僧の命脈がどこにあるかを、焦点を絞って見定める。「且道《さて》、箇《こ》の什麼《いか》なる人の恩力《おかげ》を承《う》けてか、便《すなわ》ち恁麼《さよう》なるを得たる」。どんな人の恩力を得てそのようになりえたのか。それは趙州和尚だというのが圜悟の見識でしょう。そうでなければ、理にとどまる。人《にん》として、見事にそれを証明してくれたのが趙州和尚だ。「試みに挙し看ん」。試しに挙げてみるから、よく見なさい。こういう公案だと思います。

そうすると、この中で大事なのは本則ですね。垂示も頌も、すごいことを謳っていますが、ともかく趙州和尚だというのですから、どうしても本則が一番すごいのだと思わねばなりませんね。

「至道は難きこと無し」

最後に本則です。「挙す。僧、趙州に問う」、僧が趙州に尋ねた。「至道は難きこと無し、惟だ揀択《けんじゃく》を嫌う。纔に語言有るや、是れ揀択なり、と」。このように老師はいつもおっしゃっていますが、「和尚は如何《いか》に人に為《おし》うるや」。言語あるところ揀択になってしまうとおっしゃっていますが、言葉を使わないで人にどうやって教えるのですか。

すると「州云く、何ぞ這《こ》の語を引き尽《つく》さざる」。私はそこで止めていないぞ。もっと言っているぞ。言葉を使っているぞ、と逆に顛倒《てんどう》して答えています。すると、この僧も大したものです。「某甲《それがし》は只だ這裏《ここ》に念じ到るのみ」、言葉を使えば揀択だというのですから。そうすると趙州は、「只だ這れぞ至道は難きこと無し」。それだ、それが至道無難ということだ。ここでは僧を肯定しているのだと思います。ここに私たちは、趙州和尚の自由自在を見なくてはならないと思います。

言葉を使わないでどう伝えるのか教えてください、と言われながら、言葉を先まで言え、と要求する。それに対して僧が、私はここまで声をあげて申し上げただけです、という。すると趙州はさらりと、そこだ、それでいいじゃないか。それが至道無難、唯嫌揀択だ、と直指しているのです。趙州和尚の境涯、至道無難の端的です。

「州云く、何ぞ這《こ》の語を引き尽《つ》くさざる」のところは、どうして続きを言わんのか、ということです。例えば信心銘に、「至道無難、唯だ揀択を嫌う、但だ憎愛莫ければ、洞然として明白なり」と。これは僧璨禅師の言葉です。これを趙州和尚は自分のものにしているのです。ですから出だしだけが同じなのです。「唯だ揀択を嫌う」までが同じで、あとは趙州流に述べている。僧璨和尚とは違う言い方をしているのに、どうしてお前は、私が言っていることを言わないのか、という叱責です。

それに対して僧は「某甲《それがし》は只だ這裏《ここ》に念じ到るのみ」。そんな難しいことは考えず、ここまで申し上げただけです。すると、趙州はそれでいいじゃないか、というのです。この転換の自由さ。これこそが言葉を使う、使わないということを超えた大事なところだと思います。

自由さがあれば、言葉を使おうが使うまいが関係ない。言葉に囚われて、本当の目的である自由自在に生きるということに思いが至らないのが、この修行者のだめなところです。趙州で言えば、文字は使うべしですね。しかし修行者は文字に使われている。使いこなせない。そこにははっきりと、境涯の違いがありますね。

臨済録の序に、「唯だ一喝を余して、尚お商量せんことを要す」という語があります。これが臨済の本心だと思います。「応病与薬」で自分を訪ねてくる雲水相手にいろいろやっているけれども、それは本心ではないのだ。本当にしたいことは、わしの前に無一物で出てくる雲水に会いたい。待っている。その雲水と心ゆくまで問答したい。それが本心だ、と言っています。だからなんでもかんでも一喝でいいわけではないのですね。相手がああ来たら、こう出る。そういうやり取りを楽しみたいのですね。

ある人がこの大燈国師と花園上皇との問答を四文字にまとめました。それで「露柱億劫」としたのです。誰かわかりませんが、目のある人だと思います。露柱は本当に無功徳行ですね。誰も褒めてくれない、誰も知らない。そういう行を億劫の間、ずっと続けている。これからも未来に向かって続けるだろう、ということです。それが「億劫相別れて須臾も離れず」というところでもありましょう。

すると、生まれた時代も違うのに、人間同士が分かり合える世界が生まれる。これが本当に素晴らしいことだと思いますよ。場所も離れた、時代も離れた人たちが、親しく結ばれる。ハイデガーは日本人以上に芭蕉の句を知っていたといいますね。研究していたと。だから、芭蕉とハイデガーは生まれた場所も時代も違います、でも二人は分かり合える。

これが素晴らしい。全人類が分かり合えるのですよ。そうすれば、戦争なんて起きませんね。人間本来のありさまから言えば、戦争なんて起きようがない、と言えるくらいのことだと思います。

そして、公案にはこういう知恵がぎっしりと詰まっています。だからどうか、今はわからなくても、公案をしっかりと味わっていただきたいと思います。そうするとそこに、「智慧海の如き」無限の宝財が藏《かく》されていることが自知自得していただけましょう。

拄杖子、乾坤を呑む――第六〇則「雲門拄杖子」

【垂示】垂示に云く、諸仏と衆生と、本来異なること無し。山河と自己と、寧《なん》ぞ等差《ちがい》あらんや。為什麼《なにゆえ》にか却って渾《すべ》て両辺と成り去る。若《も》し能《よ》く話頭を撥転し、要津を坐断するも、放過《みのが》せば即ち不可。若し放過せざれば、尽大地も一捏《ひとひねり》すら消《もち》いず。且《さ》て作麼生《いかなる》か是れ話頭を撥転する処。試みに挙《こ》し看ん。

【本則】挙す。雲門、拄杖《しゅじょう》を以て衆に示して云く、「拄杖子《しゅじょうす》化して龍と為り、乾坤を呑却《のみこ》み了れり。山河大地、甚処《いずこ》よりか得来たる」。

【頌】拄杖子、乾坤を呑む、徒《むな》しく説《い》う、桃花の浪奔《はし》ると。尾を焼く者も雲を拏《とら》え霧を攫《つか》むに在らず。腮《えら》を曝《さら》す者も何ぞ必ずしも胆を喪い魂を亡わん。拈じ了れり。聞くや聞かずや。直に須らく灑灑落落《しゃしゃらくらく》たるべし、更に紛紛紜紜《ふんぷんうんうん》たることを休《や》めよ。七十二棒且《まず》は軽恕す、一百五十、君に放《ゆる》し難《がた》し。師、驀《いきなり》拄杖を拈《と》りて座を下る。大衆一時に走り散ず。

山河大地はどこから来るか

まず垂示から。「垂示に云く、諸仏と衆生と、本来異なること無し」。本来底を言っています。現実には異なるわけですが、本来は異なることなし、と。例えば、あなたと私は本来のところから見れば、異なることはない。あなたと私は平等だということです。仏教の第一の教えは平等。それは本来のところを見て言っているのです。

「山河と自己と、寧《なん》ぞ等差《ちがい》あらんや」。等差は差別です。平等なのだから、山にあえば山となり、川にあえば川となる世界が開ける。どうしてそうなるかといえば、自己が無になりきっているからです。これが大事なところです。自己が無になりきっていると、何もないので、出あったものがすっと入ってくる。山であれば山が無となった自己なのです。

「為什麼《なにゆえ》にか却って渾《すべ》て両辺と成り去る」。ところが、私たちが住む世の中は、すべて両辺になる。たとえば、老師と雲水。これは平等ではない。雲水は老師の言うことを聞かなくてはいけない。修行に来ているのだから、平等なわけがない、となります。しかし、あなたと私はまた違うけれど、本来のところですから、逆転が可能。平等の世界を言います。しかし人間を両辺に分けてしまうのが世の中の成り立ちだ。いったいどうしてそんなことになるのか。常識がおかしい、となる。仏教やキリスト教で常識というものを測ってみたらどうか、と主張する人がいますね。ただし、本物の仏教、キリスト教をもって、ですね。「若《も》し能《よ》く話頭を撥転し、要津を坐断するも」。話頭は問答。ここでは雲門の拄杖子にかかる問題です。「撥転し」は自家薬籠中のものとする、ということでしょう。よくよくこなしてみると、よくよく工夫して自家薬籠中のものとして、「要津を坐断するも」。要津は大切な港です。禅の言葉で言うなら、正念決定。大切な言葉ですから覚えてください。正念、真正の見解とも言いますね、正しい思いをしっかりと決定することが求められる。それが「要津を坐断する」ということです。

たとい坐禅の真っ只中で正念決定ができあがっても、「放過《みのが》せば即ち不可」。せっかく決定した正念をゆるがせにしてしまう、放り出してしまってはだめだぞ、と。だから正念決定は一番大事だと言ってもいいのです。そして正念決定できれば、それを相続していかなくてはいけない。これが白隠禅師の禅、正受老人の禅です。一時の正念決定では話にならない、というわけです。

「若し放過せざれば」、正念相続していければ、「尽大地も一捏《ひとひねり》すら消《もち》いず」。大地ごと、宇宙ごと、一捻りする必要もない。そのまま我が家だ。

この尽大地、——雲門の具体的な例で言いますと、雲門の師匠は雪峰。雪峰の示衆で、第五則「雪峰尽大地」にありますね、「尽大地撮《つま》み来《あぐ》れば、粟米粒《あわつぶ》如《ほど》の大きさなり。面前《めんぜん》に抛向《ほうりだ》すも、漆桶《しっつう》にして会《え》せざらん」。米粒一つですから、手のひらに乗っかる。無文老大師の言詮では「フッと一吹きすると、どこへ行ったかわからない。さあ、鐘や太鼓を鳴らして、みなを集めて探し出せ」と。

それくらい、正念決定と正念相続は大事なのだ。私たちが、いろいろな決まりごとのある社会で生活していく上で、生きていく上で大事なのだというのです。

「且《さ》て作麼生《いかなる》か是れ話頭を撥転する処」。ならばその話頭を自由自在に我が身につける、自家薬籠中のものにするとはどういうことか。「試みに挙《こ》し看ん」。ここに一つの例をあげるから、よく見てみなさい。

本則を読んでみましょう。「挙す。雲門、拄杖《しゅじょう》を以て衆に示して云く」、拄杖は長い杖です。山から切り出します。当道場では托鉢の時に先頭に立つものが持つ杖です。昔はこの拄杖をつきながら全国を行脚したのですね。

「拄杖子《しゅじょうす》化して龍と為り、乾坤を呑却《のみこ》み了れり」。山から切り出した拄杖子が、龍となって、乾坤を呑み込んでしまったぞ。「山河大地、甚処《いずこ》よりか得来たる」。山、川、大地はどこから出てくるか。目の前にある山、川、大地はどこから再び現れてきているのか。

これが唐時代の話頭、禅問答です。なかなかわかりにくい。唐時代の人は達人ですから飲み込めたのでしょうが、我々にはわからない。時代が下った宋時代の雪竇が我々を手助けしてくれています。それが頌です。

「拄杖子、乾坤を呑む」

頌に曰く、「拄杖子、乾坤を呑む、徒《むな》しく説《い》う、桃花の浪奔《はし》ると。尾を焼く者も雲を拏《とら》え霧を攫《つか》むに在らず。腮《えら》を曝《さら》す者も何ぞ必ずしも胆を喪い魂を亡わん。拈じ了れり。聞くや聞かずや。直に須らく灑灑落落《しゃしゃらくらく》たるべし、更に紛紛紜紜《ふんぷんうんうん》たることを休《や》めよ」。

これは、ある史実を知らないと、わけが分からなくなります。史実というのは、伝説でしょうが、昔々のこと。これは山田無文老大師の本から抜き出した一節ですが、中国の古い伝説だとあります。昔、禹という皇帝の時、山が水を塞いで黄河が氾濫するので、山を二つに割いて治水をさせた、というのです。その跡が、龍門という滝の名となって、三段になっている。その滝に春になって、桃の花が咲く頃になると、たくさん魚が集まってくる。この滝を上り詰めたものは、雷に触れて尻尾が焼けてなくなり、天に昇って龍になる。これが魚の出世である。魚が化して龍になるという伝説がある、と。

そうすると、わかりそうですね。「徒《むな》しく説《い》う、桃花の浪奔《はし》ると。尾を焼く者も雲を拏《とら》え霧を攫《つか》むに在らず。腮《えら》を曝《さら》す者も何ぞ必ずしも胆を喪い魂を亡わん。拈じ了れり」。雪竇は素直に受け取ってはいませんね。もう一つ拈弄しています。

無文老大師ではこのように続きます。「この伝説を持ってきて、拄杖子化して龍となると雲門は言われたであろうが、そんなつまらん伝説に関わることはないではないか。そんな伝説はいらんこっちゃ、儂は取らん」というのです。無文老大師は雪竇さんに味方して声援を送っているわけです。

「尾を焼く者も雲を拏《とら》え霧を攫《つか》むに在らず」とありますが、無文老大師の文章は名文ですので、もう少し続けて読んでみます。「三級の滝を昇る時に、雷が起こって尻尾を焼き、髭を焼いて、天に昇って龍になるのである。こう伝説は言われるが、龍になるには、何も天に昇って雲を捕まえたり、霧をつかんだりする必要はないではないか。このままでいい、拄杖子がこのまま龍になるのだ。このまま乾坤を呑却するのだ。なにも天へ昇って馬鹿騒ぎをし、芸当をする必要はないではないか」と言っておられます。

さらに続けて、「腮《えら》を曝《さら》す者も何ぞ必ずしも胆を喪い魂を亡わん。拈じ了れり。聞くや聞かずや」のところですが、「三級の波を昇り損ねて、途中で落ちたものは、下の岩に頭をぶつけて、しかばねを晒して死んでしまう、と言われておるが、何も龍にならなくたって、人人皆仏心を持っておることは間違いないのだ」。これは本来底に帰れば、みんな仏心を持っているんだ。「龍にならなかったからといって、下の岩の上でしかばねを晒して、胆を喪い魂を亡じて、悲観してしまう必要はないではないか」と。

「たとい龍にならなくても衆生本来仏なりだ。たとい見性できなくても、みな仏性を持っているのだ。人人具足、箇箇円成だ。乾坤を呑却する力は出てくる、必ず出てくる。悲観することはない。拄杖子、乾坤を呑む、と儂はそう言いたいだけだ」。龍はじゃまだというのです。

「雲門のように、洒落たことは言わん。拄杖子呑む、いや拄杖子乾坤を呑む。これで儂の言いたいことはおしまいだ。衆生本来仏なり。これでおしまいじゃ。もう儂の言うことはこれで済む。皆わかってくれたか。どうじゃな」と。これは雪竇に成り代わって、雪竇の立場に立って話しているのです。

「灑灑落落たるべし」

頌は続けて、「直に須らく灑灑落落《しゃしゃらくらく》たるべし、更に紛紛紜紜《ふんぷんうんうん》たることを休《や》めよ」。ここでは「直に」が効いていますね。ストレートでいい、どうして龍なんて余計な飾り物を引き込むのか。ここのところが一番、雪竇が言いたいところだと思います。いったいどういうことか。

「聞くや聞かずや」と、その前に出ていますね。ならば、聞くのがいいのか、聞かないのがいいのか。我々はこれで迷うわけです。それが垂示の「為什麽《なにゆえ》にか却って渾《すべ》て両辺と成り去る」です。

二つに分けてしまう、「聞くや聞かずや」で迷う。それは全てにおいてそうです。公案禅も同じです。だからこそ逆に、公案禅というのは皆さまの生活に密着しているのだと思います。別物ではない。「聞くや聞かずや」で迷う、これが公案禅で言いますと、機関にあたります。もう一つ、法身、理致というのがあります。一つの悟りです。我々の赤肉団は色身です。そこから法身に転ずるのです。色即是空です。形のある色身から形のない法身に一変するわけです。これは容易なことではありません。

そこに法身、理致という世界があるのですが、機関というのはもっとすごい。法身や理致という世界をここに、現実に引き寄せるのです。喜び、悲しみの満ち満ちている現実に引き込む。そこで法身はどう生きるか、というのが機関の公案です。七転八倒するわけです。まさに「聞くや聞かずや」を徹底して参究し尽くすのです。

そうしますと、聞くとか聞かないなんてどうでもいい、というところまで出て行くのです。そうでない限り、解決しませんね。冷静に分別できる段階にいる限りは解決しない。何が何やらわからなくなるくらい坐れと、しっかりした老師は言います。坐り込んで、世間のことも忘れろ。自分のこともわけがわからなくなるまで坐れ。そうすることで、外の外から何かが起こるのだ。

それがある意味では、雨だれの音。それが聴こえてくる。七転八倒する我々の耳に届くのです。七転八倒をしない限りは、聞こえない。聞こえてくるのは普段の雨だれの音だけです。しかし本当に死に物狂いで、なおも坐り続け、公案を離さずにいると、その雨だれの音がまるっきり違う音声として飛び込んでくる。その時には、ああこれだ、とわかるというのです。そこで初めて聞く音ですから、これが本当の雨だれの音か、と誰にでもわかる。そうして、抜け出していく。小さな開けに出て行くのです。一つの風穴が開《あ》くのです。そして静かな明るさが、そこから芽生えてくるのです。

七転八倒している時には真っ暗のどん底。それでもなお諦めずに坐り続けると、一筋の光が入ってくる。その光が、寂かな明るさを伴い、明るい世界に導いてくれる。これが小さなお悟り。私たちはそういうお悟りを何度も何度も繰り返しているのだと思います。

皆さんも実生活で、ある意味、こういった小さな悟りを繰り返しているのだと思いますよ。公案禅のそれと全く同じです。そう思えば、公案禅というものが実に親しめる、面白いものだと一転するのです。それを自家薬籠中というのですね。

ではそれはどういうことか。ここからが雪竇が一番言いたいことです。

「聞くや聞かずや」、そんなことはどうでもよくなる。「直に須らく灑灑落落《しゃしゃらくらく》たるべし」。すうっとなるという。臨済録に全体作用という言葉があります。「聞くや聞かずや」と、何が何だか分からなくなってしまうまで、ですから、自分が持つ力を出し尽くしたところ、それを全体作用というのです。十の力があるならば、十二分の力を使って仕事をすると、全体作用になるのです。全体作用することが、おのずから自然と後のことをもたらす。

その後のこととは、いったいどんな功徳か。臨済録の序にあることですが、「妙応無方」という。考えられないほど、点数をつけられないほど、というときに芸術の先生が出す点数を、妙というそうです。秀以上。問いがどんな方向からぶつけられても、見事に応じることができる。本当に自分が無になっている、ということです。無に開けると、雨だれの音を聴き留めることができると、そういう妙応無方という世界が開ける、というのです。

さらにこの後の言葉と合わせると、すごい言葉になります。「不留朕跡」と続きます。「朕跡も留めず」、後にきれいさっぱり何も残さないということです。これは自然とこういう境涯が生まれるというのです。無になって、雨だれの音を聴き止めたところから、自然とこうなっていく。

そうしますと、梁の武帝という方は素晴らしい方です、仏心天子とまで言われ、当時の仏教の素晴らしい理解者だったと思います。けれどもその武帝は、どんな功徳があるかと尋ねたと言われます。自分は写経もし、坊さんも育て、寺も作った。「何の功徳かある」という。これはまずいですね。本当に雨だれの音を聞いていない証拠を見せてしまったのです。全体作用できただけで、それで満足なのです。それ以上の何があるか、ということですから。

功徳などどうでもいい、そういう境涯に入るのですね。ですから「聞くや聞かずや」は、もはや問題ではない。雨だれの音を聞いた途端に変わるのです。「直に須らく灑灑落落たるべし」。このままでいいのだ、となる。「更に紛紛紜紜《ふんぷんうんうん》たることを休《や》めよ」。ああだこうだと言いつくろう何ものがあろうか。

「七十二棒且《まず》は軽恕す」。恕は思いやりです。「七十二棒」と、まずは軽く打ってやる、ということでしょうか。それでわかるはずだ、と雪竇は言うのです。しかしそうではなかったようです。そうでなければ、「一百五十」――正式の罰棒ですね、百五十棒打たなくてはならない。「君に放《ゆる》し難《がた》し」。軽く七十二棒で済むかと思ったけれども、仕方がない、真剣に打つぞ、百五十棒を。どうしても叩かなくてはいけないな、と。

ここから、記者の言葉になります。「師」、これは雪竇です。「驀《いきなり》拄杖を拈《と》りて座を下る」。いきなり拄杖を手にとって、座を下りた。「大衆一時に走り散ず」。大衆は打たれてはたまらんと、さあっと逃げていった。このあたりが面白いですね。これでいいのでしょう。こうやって遊んでいるのだと思います。真剣であり、遊びでもあり、ということです。

「奪人不奪境」とは

「死んで生きるが禅の道」と言いますが、まさに「大死一番、絶後に蘇る」を言っています。これは臨済録に出てきますが、「奪人不奪境（人を奪って境を奪わない）」ということを言っています。臨済禅師の言葉ですが、これが修行者の修行の原点ですね。これをよく読み込んで、宋時代の人が公案を作ったと思います。

人を奪うのです。人とは自己です。人を奪うとは、自己を無にする。自己に死ぬ。けれども境は手をつけない。自己を破って、境と一如になるというのです。自分をゼロにすることで、境と一体化する。境は、ここでは山河大地。そうすると、山河大地はどんな境か。私が無になったところが山河大地なのです。ですから、山河大地という境と、私が否定し尽くされたところ、無になりきったところが、ピタリと通いあうのです。

修行の原点は、いつもここにあると思います。特に、達人ではない、凡夫である我々の原点はここにあるのです。凡夫を破り出て、万物と一如になる。そういう形で世界と一つになる。自己と世界が一つになる。そうしてひろやかな世界に出る。

それまでは、山は山、川は川、自分は自分だった。しかし、自己をゼロにすることで、自己が山になり川になる。それが言えたら、逆も言えそうですね。そういう世界が開けてくるのです。ですから、破ることによって、よりひろやかな世界へ躍り出ることができる。それに尽きるのですね。

こうやって一つ一つ私たちはひろやかな世界へ出てきていると思うのです。皆さんも氣持ちがいいなあ、と思うことがあるでしょう。それは、こういうことだと思うのです。原理はそういうことです。「宝剣吾が手裏にあり、殺人刀・活人剣」です。

独り寰中に拠る——第六一則「風穴若立一塵」

【垂示】垂示に云く、法幢《ほうどう》を建て宗旨を立つるは、他《か》の本分の宗師に還《かえ》す。龍蛇を定め緇《し》素《そ》を別つは、須是《すべか》らく作家《てだれ》の知識なるべし。剣刃上に殺活を論じ、棒頭上に機宜を別つは、則ち且《ま》ず置く。且道《さて》、独り寰中に拠るの事、一句もて作麼生《いかに》か商量《かんが》えん。試みに挙し看ん。

【本則】挙す。風穴《ふけつ》垂語して云く、「若し一塵を立つれば、家国興盛し、一塵を立てざれば、家国喪亡す」。雪竇、拄杖を拈《とりあ》げて云く、「還《は》た同生同死底の納僧《のうそう》ありや」。

【頌】野老は従《た》教《と》い眉を展《の》べずとも、且《まず》は家国に雄基を立つることを図らん。謀臣猛将今何《いず》こにか在る、万里の清風只だ自知するのみ。

風穴の垂示とは

臨済禅師から四代目にあたる、有名な風穴《ふけつ》（八九六―九七三）の垂示です。宋時代の圜悟禅師（一〇六三―一一三五）の垂示から見てみます。「垂示に云く、法幢《ほうどう》を建て宗旨を立つるは」。昔のインドでは幟を立てたところで法話が開かれたと言います。ここでも看板を掲げていますが、中国を経て、幟が看板に変わったと思ってください。山門に看板を掲げて、「宗旨を立つる」のは、「他《か》の本分の宗師に還《かえ》す」。今の日本でしたら、各僧堂の師家にお任せしようと。

「龍蛇を定め緇素《しそ》を別つは」、その人物が龍であるか蛇であるか、それを決める。黒か白かを判断するのは、「須是《すべか》らく作家《てだれ》の知識なるべし」。善知識の達者なやり手に任せておこう。「剣刃上に殺活を論じ、棒頭上に機宜を別つは」、真剣勝負ですね。しかしこれは禅問答ですから、剣を以って斬り合うように、言葉の上で真剣に勝負をする。棒も飛んでくることがある。そういうことを通して、その問答がいいか、だめか、はっきりさせていく。

それは「則ち且《ま》ず置く」、ひとまず脇に置いておいて。「且道《さて》、独り寰中に拠るの事、一句もて作麼生《いかに》か商量《かんが》えん」。ここをどう取るかが問題です。寰というのは、世界と見たらいいと思います。「独り寰中に拠るの事」は、ただ一人そこにいる、世界にいる。世界というのは、大勢いるはずですが、誰もいないところに一人でいる。いわゆる、天上天下唯我独尊という感じです。その事は「一句もて作麼生《いかに》か商量《かんが》えん」。それを一句で言ったら、どのようになるか。「試みに挙し看ん」。試しにそんな例を挙げてみるから、よく見なさい。

本則です。「挙す。風穴《ふけつ》垂語して云く」、風穴禅師が説法の時に垂示を示された。「若し一塵を立つれば」、一塵が巻き起こったならば。「家国興盛し」、その一つの塵の中に、家国、つまり世界が全て収まっている。世界の全てが一塵の中にある。一緒に起こってくる。「一塵を立てざれば」、もし一塵を起こさなければ、「家国喪亡す」、世界はなくなってしまう。こういう不思議な話をしています。

そして雪竇がこのように言われたと、記者が添えたのだと思います。「雪竇、拄杖を拈《とりあ》げて云く、還《は》た同生同死底の納僧《のうそう》ありや」。同じく同生同死底の納僧ありや、と言ったということです。

難しいですね。手がつきませんね。唐時代の人ですと、これでわかったんでしょうね。

ですから唐時代はすごいと言えるのだと思います。ただ一つ挙げれば「雪竇、拄杖を拈《とりあ》げて云く」。これは世尊の「拈華微笑」を思わせますね。お釈迦様は華を取り上げた。そして、何一つおっしゃらなかった。華を取って示されただけ。それに対して雪竇禅師は拄杖を取り上げ、言葉をつけています。ここが違うところです。しかし何れにしても、なかなかわかりにくいわけです。やはり摩訶迦葉一人くらいしかわからない、昔となに一つも変わらないのかもしれません。

そこでちょっと荒っぽいのですが、垂示の「且道《さて》、独り寰中に拠るの事」というところを、思い切って変えてみます。世界に一人で坐っていること、これで何を言おうとしているのか。それは修行者のありさまだと思います。修行者本来のあり方、修行者の本分の事を、「独り寰中に拠るの事」という言葉で表しているのだと思います。

そうすると、坐禅の事を持ち出しているのだと思うのです。そうしますと、一日一度は静かに坐って、身《からだ》と呼吸と心を整えましょう、という、いわゆる坐禅ということに何を託したのでありましょうか。

「独り寰中に拠る」

臨済の四料簡、これが臨済録の示衆編の初めに出てきますね。「奪人不奪境、奪境不奪人、人境倶奪、人境倶不奪」と。四つの料簡、見方が述べられています。臨済の言葉では真正の見解と言われているところです。ですから、四つとも真正の見解ですが、その中で「奪境不奪人」「人境倶奪」というところに関係してくると思われます。

道場の場合ですと、やって来る修行者はわかってもわからなくても無字の公案をぶつけられます。朝夕、工夫させるわけです。それはこの四つの中でいえば、最初の奪人不奪境にあたると思います。無字を与えることで人を奪うのです。私たちは煩悩妄想を抱えています。それを奪い尽くすのです。そして、境です。法とも言います。その万物に対する。無になったところで万物を見てみよ。そうすると境、万物がどう見えるか、というのです。

趙州和尚の次の公案もそうです。修行者が趙州和尚に尋ねます。「如何なるか是れ祖師西来意」。達磨さんがインドからはるばる中国へ来られたのは、いったいどんなお心ですか、と尋ねる。すると趙州和尚は「庭前の柏樹子」。庭先の柏の木だ。そう言われたら、どうでしょうか。柏の木を見ざるをえませんね。そこで、一転が起こるのです。

最初は修行者が問いますが、それに対して趙州和尚が応えたことで、質問者と回答者が入れ替わる。おまえは、あの庭前の柏樹をどう見るか、どう見えるか。見事、さすが趙州和尚ですね。あっという間に答える責任を、質問者に持っていくのです。「わしが見る柏の木と同じように、おまえにはあの柏の木が見えるか」ということだと思います。

それはそれとして、もう一つ超えたところが、この則です。人境と言いましたが、よく人法ともいいます。無字によって人を否定し、無になり切らせる。無になって柏の木を見ると、法性が見える、というのです。そのものの本当の姿が見える。私たちはそれぞれ、柏の木が見えますが、趙州和尚が見たように見えるかどうかが問題です。

人が消えるのですから、法が残る。法を法として見るということです。ここで、いわゆる法を法として見るとは、いったいどういうことか。自己がないということですね。完全に自己が破られて、全く何もない。悪いものはもちろん、いいものもない。坐禅という一つの形に支えられて、禅定力もそこから出てくるわけですが、その禅定力ですら、ある意味では、あってはだめだというわけです。定力がつくと、いろんな不思議なことが起きます。それを禅では、魔境といって退けます。お釈迦様が出てきて褒めてくれた、そういうものすら、魔境として退けます。それはまだ中途のもの。もう一つ超えて、何もなくなった、絶対無のところまで錬り上げて、そこで初めて、柏の木を見ると、どう見えるか。

法理と事実、理と事と言いますが、理の上では同じとも言えますが、事の上ではちがいましょう。全同全別です。奪人不奪境というのは、一つの理なのです。そういう理で、趙州和尚と同じ目で見るという、それをこの現実に持ってきたらどうなるかというのが、この則の大事なところだと思います。

私たちはこの社会で、この世界で、いろいろと苦しみ、喜びながら生きていますが、それはめいめいの個の力で生きています。禅が投げかけるものは、一つだと思います。自分の力で生きるだけでなく、ここにお釈迦様や達磨さんや趙州和尚の目（般若眼）をいただいて、境涯をいただいて、この現実を生きたらどうなるか。

私が皆さんに問いかけたいのは、それに尽きます。私たちは私たちなりに、人の世において（人生で）、小さな開けを幾つも幾つも今まで経験して生きてきたと思うのです。趙州和尚の開けと、私たちの小さな開けは、理の上では同じだと思うのです。違うのは、趙州和尚ほど徹底した理ではないということです。見性、自分の本性を見るということですが、趙州和尚ほど深く開けたわけではないのではないか。同じ開けでも浅い深いがあります。その違いがあります。

ならば、どうしたら趙州和尚の目と同じになれるか。それがやはり、ここに出ている「独り寰中に拠る」だと思います。これに徹する時に、そういうことができるのだと思います。これはまさに、天上天下唯我独尊ですね。お釈迦様が生まれてきた時に、これを託しているのですね、仏教は。赤子がそんなことを言うわけがない。それも一つの真実です。天上天下唯我独尊という体験。上は天、下は大地ですが、まるごとすっぽり、という感じですね。これが大きいのだと思いますね。そこに、公案体系でいう機関の公案の値打ちがあるのだと思います。

公案体系の話になりますが、まず、私たちは趙州和尚の見解に案内されます。いわゆる法理の世界に案内されます。無字の公案を与えられ、坐禅をさせられます。それだけでなく、日々の道場の生活のありとあらゆるものがそれを助けます。そして、この法身という体験をさせて、その体験を今度はこの世に、現実の世界に、ここに持ってこさせる。その無字の真っ只中で、この世を生きたらどうなるか。それが機関の問題です。これは本当に大変です。

しかし、それで終わりではない。もう一つ奥に、向上という世界を、宋の禅者たちは見出したのです。法身、機関、向上の三つで公案の全体像を作り上げた。この三つを承知の上で、一つ一つの禅問答を見ていただければ、禅問答がいかによくできているか、お分かりいただけると存じます。

「万里の清風」とは

頌に入ります。「野老は従《たと》い眉を展《の》べずとも」。野老とは、ある意味で健全ですね。権力者でもないし、人生経験が豊かな方なのでしょう。しかし、たとえ渋い顔をしても、健全な人は眉をしかめても、――これは雪竇の言葉ですが、「且《まず》は家国に雄基を立つることを図らん」。雪竇は、この世界にしっかりした基《もとい》を立てることを図るというのです。そして「謀臣猛将今何《いずこ》にか在る」。どのように解釈しますか。昔は、立派な政治家もいた。戦国の世には、しっかりした豪傑もいた。その謀臣猛将に助けられて、国の確固とした礎を築いてきたのだが、今、そういう人がいるかいないか。

これを少し、違う解釈するとどうでしょうか。皆さん一人一人がそれだ、というのが禅の見方ではないですか。衆生本来仏なり、ですから。我々が本来の姿に立ち返った時、それが謀臣猛将なのですね。

そうなると「万里の清風」となりますね。そういう自覚がはっきりついた時に、そこに万里の清風が起こるのでしょう。そして「只だ自知するのみ」。例えば、「妙応無方、不留朕跡」が万里の清風にあたると思います。どこから問われても、実に見事に応えることができる。同時に、問答が終わると、その跡を少しも止めていない。その両面があるのですね。そして、この「不留朕跡」をしっかりつかむことが大事です。

万里の清風にお任せする、という感じですね。ここに人間は入らない。それでいい。自分が言ったことをどのように取られても、それはご自由に、という感じ。それが「妙応無方、不留朕跡」という事実なのだ。そしてもし、何か引っかかることがあったら、それは自分の方がどこかずれているのだ。本当にお釈迦様からいただいた不生の仏心を私たちが生きている時は、それだけで十分。その結果、何と言われようと氣にならない。もし引っかかるようならば、それは自分が不生の仏心からずれた生き方をしているのだ、ということなのです。

これも臨済禅師の言葉です。「山僧は一法の人に与うる無し」、儂には人に与えるような一法すらない。なぜならば、無一物だから。では、これまで自分がやってきたことは何か。「祇だ是れ病を治し縛を解く」。修行者がかかえている病氣を治す。自分で自分を縛っているものを解いてやる。そんなことだけで、一法も人に与えていない。

けれど、「諸方の道流、試みに物に依らずして出で来たれ」。これが、無一物で出てきた姿ですね。無一物で出て来い。儂が望むのはそれだけだ、ということです。「我れ你《なんじ》とともに商量せんと要《ほっ》す」。儂はそういう修行者と、とことん心ゆくまで話したい。ところが「十年五歳」、十五年ほど、「並びに一人《いちにん》も無し」。一人もそういう修行者は儂の前に現れなかった。こういうわけです。

これも臨済録の序に出てくる言葉ですが、「唯だ一喝を余して、尚《な》お商量せんことを要す」。商量が大事だというのです。互いに話し合うこと。何でもかんでも一喝で済ますな。

とことん話し合うことが必要だと、臨済自身が言っているのです。相手が本当に物に依らずして出てくる人物であったら、大いに商量したい、こころゆくまで話し合いたい。そう言っているのです。

塵塵三昧の世界

そして「一塵を立す」という言葉がありました。これがやはり、非常に大切なことになるわけです。これが私たちの修行を、機関だけで満足せず、その奥にある向上の世界に駆り立てるのです。それはいったいどういうことか。

向上というのは、一言で言えば、仏の上です。それはどんな世界か。これが「一塵を立す」という世界でもあるのです。「和光同塵」という言葉がありますね。光をやわらげて塵と同じくなる。自ら光を放り出し、塵となる、ということですね。「塵塵三昧」という言葉も、碧巌録にあります。仏を超えた世界が塵という言葉で語れるような世界が、禅の真骨頂だと思うのです。禅の本当にいいところは、仏を持ち出さねば表せないようなものを、塵という言葉で語ることができる、そういう世界があるのだ。そう思われてならないのです。

どうして商量することが必要なのか。お釈迦さまは華を拈じた時、何も語りませんでしたね。だから、氣づいたのは摩訶迦葉尊者だけでした。達磨さんもそうですね。武帝と会えたけれども、機縁あい叶わず、弁解もせずにさっさと武帝の許を辞しました。ですから、お釈迦さまや達磨さんはそれでいいでしょう。そういうものだと思います。

しかし、残された我々は大変です。まったくわからないのですから。もう少し言ってくれればいいのに、何も言わず、行ってしまうわけです。そういう意味で、私は「我れ你とともに商量せんと要す」という世界が非常に大事なんだと思うのです。

まことに神のごとき技ですね、お釈迦様にしろ、達磨さんにしろ。そして唐時代の高僧たちも、神業《かみわざ》をなしている。それはそれでいいけれども、わからない人のことも、私の氣持ちも少しは察してほしい、となりますよね。どうしてすぐに一喝が飛んでくるのか。それが本当なんでしょうけれども、それにしてもちょっと、となりますね。

無文老大師の頌《うた》でいけば、「風かおる」で済まさずに、自分たちの世界に降りてきてもらえないか。そして泥だらけになって話し合ってくれないか。それが「塵塵三昧」ということだと思います。これは無文老大師の頌ですが、「雪竇に和して理想の詩を頌わん」と、つまり発心の頌です。

「笑わば笑え　しれ人ら　世のため猛き　はかりごと　めぐらしてこそ　男《おのこ》かも」、これが前半です。そして後半、意氣投合して「力をあわす　友垣の　有りやなしやも　白雲のただようはたて　風かおる」。

力を合わせてくれる同志たちは大切ですね。しかしそれも、みんなお任せするしかない、というのです。自分で決められることではない。空で白雲がただようだけでなく、風がかおっている。薫風が吹いている。これが神業のところです。むしろ、言い訳しようという氣持ちが起こったら、当の本人が一番大事なところから落ちているということ。そういうところです。

ですから、我あり、というけれども、どこに私たちはいるのか。天地いっぱいとはどういうことでしょうか。ある意味ではどっしりと両足を大地につけて、大きく大きくなっているイメージがありますね。大きくなることで、世の果てまでも視座が及ぶのです。そういう視座で物事を見つめていく。それが人間が万物の霊長となった元ですね。

しかし宗教となると、もうちょっと違うニュアンスが入ります。それはどういうことか。踏みしめる大地もない、ということ。大地があれば、無一物ではありませんから。足の置き場もない。それが「妙応無方、不留朕跡」の不留朕跡です。跡に何一つ残さない。そこにすうっと帰っていく。

でもその、踏みしめる足場がない、非常に不安定の極致にこそ、本当に私たちが今生きているということ、苦しみながらも生きているということを、本当に成り立たせる何かがあるのではないでしょうか。私たちの生を、生たらしめるものがあるのではないでしょうか。賤《しず》のいのちの不滅の力です。

そこから、この現実に帰って、現実を生きたら、どんな生き方が生まれるか。一人ひとりみんな違う生き方になるでしょう。それでいいのだと思います。こう生きたのは私が最初だ、と言えるような、新しい生き方を大いに皆さんが創り出してくださることを心から期待しています。

無作の妙用を発す――第六二則「雲門中有一宝」

【垂示】垂示に云く、無師の智を以て無作《むさ》の妙用《みょうゆう》を発し、無縁の慈を以て不請《ふしょう》の勝友《しょうゆう》と作《な》る。一句下に殺あり活あり。一機中に縦《しょう》あり擒《きん》あり。且道《さて》、什麽《いか》なる人か曾て恁麽《さよう》にし来たる。試みに挙《こ》し看ん。

【本則】挙す。雲門、衆に示して云く、「乾坤の内、宇宙の間、中に一宝有り、形山に秘在す、と。灯籠を拈《とりあ》げて仏殿裏に向い、三門を将《もっ》て灯籠上に来たらしむ」。

【頌】看よ看よ、古岸何人か釣竿を把《と》る。雲は冉冉《ぜんぜん》、水は漫漫。名月蘆花、君自ら看よ。

「無作の妙用」とは

「垂示に云く、無師の智を以て無作《むさ》の妙用《みょうゆう》を発し、無縁の慈を以て不請《ふしょう》の勝友《しょうゆう》と作《な》る。一句下に殺あり活あり。一機中に縦《しょう》あり擒《きん》あり」。ここまでをひとまとめにしていいと思います。

「且道《さて》」、今まで読み上げたような人。「什麼《いか》なる人か曾て恁麼《さよう》にし来たる」。「恁麼」というのが、ここまで読み上げたことでしょう。どのような人が、いったい誰がそのようにして生きられたか。「試みに挙《こ》し看ん」。一つの例を挙げてみるから、よく見さっしゃい。まず「恁麼《さよう》にし来たる」というところ、垂示を見てみます。「無師の智を以て無作《むさ》の妙《みょう》用《ゆう》を発し」。お師匠さんなしの智ですから、生まれながらの智恵というしかないでしょう。人から授けられたのではなく、生まれながらに持っている智恵。盤珪禅師のいう「不生の仏心」のようなものですね。不生の仏心を基として、不生の仏心に留まらず、そこから「無作《むさ》の妙用《みょうゆう》を発」す。「無作」ですから、何もしないという不思議な働きを起こす。ということは、無作というのは何もしないというだけでは、意味が出ないわけですね。

これはどのように読んだらいいのか。皆さんがご存知の言葉を使いますと、「無念の念を念として」。少し違いますが、同様の意味で「無相の相を相として」という言葉もあります。そういうところだと思います。師匠から教わったことですらない智恵ですから、生まれつき持っていた智恵。それを使ったとも思わない、というところがあるのでしょうね。そういう、自己の根源にある本来底の「妙用《みょうゆう》を発し」というわけです。

「無縁の慈を以て不請《ふしょう》の勝友《しょうゆう》と作《な》る」。慈悲には三つあると言われています。これを覚えておいてください。一つは「無縁の慈悲」。あと二つは「法縁の慈悲」と「衆生縁の慈悲」。私たちに身近なのは「衆生縁の慈悲」ですね。こうやって互いに出会い、そこに生まれるご縁。そこから生まれる慈悲。けれども、それだけでは仏教になりませんから、もう一つ、「法縁の慈悲」というものを置きます。法は仏法です。その法によって起こされる慈悲。そして、もう一つ難しいのは、もしかしたら一番易しいのかもしれませんが、「無縁の慈悲」。縁なくして起こる慈悲。無作の妙用は、自然に自己の内から起こってくる慈悲。三つある慈悲のうちの「無縁の慈悲」を、ここにあげています。

「不請《ふしょう》の勝友《しょうゆう》と作《な》る」。不請というのは、頼まれてもいないのに。余計なお節介をするのではなく、優れた友となる。これが私たちの一番いいところだと思います。

「勝」という字も大切なので覚えておいてください。「摩訶」という言葉がありますね。「摩訶般若波羅蜜」「夫れ摩訶衍の禅定は」とあります。摩訶はインドの言葉で、発音の似た漢字を当てています。そこには三つの意味があると言われています。これも常識として知っておいていただきたいことですが、一つは「大」。もう一つは「多」。三番目が「勝」。ですから、この勝は、勝ち負けを超えた勝、だと思います。そういう優れた友となる。「一句下に殺あり活あり。一機中に縦《しょう》あり擒《きん》あり」。一句、一機とあります。一句というのは、外へ出た言葉。一機は心の中に芽生えてはいるが、言葉にはなっていないもの、姿形を取らないもの。そう見てください。言葉になった場合、例えば、雲門大師が話されているように言葉になった場合、その言葉の下に必ず「殺あり活あり」。殺人刀があり、活人剣がある。「一機中に縦《しょう》あり擒《きん》あり」、まだ言葉にならない、思っているだけのところにも、「縦」、つまり放行、「擒」は鳥を捕まえて鳥かごに入れる、囲ってしまうこと。必ず「縦《しょう》あり擒《きん》あり」となるのだ。

「且道《さて》、什麼《いか》なる人か曾て恁麼《さよう》にし来たる」。そのような無作の妙用、「無師の智を以て無作の妙用」を働かせて、言うこと成すことはもちろん、どこを切り取っても、殺人刀あり、活人剣ありというような、そういう優れた、それをまさに無作の妙用というのだと思いますが、そういう一つの例を挙げるから、「試みに挙《こ》し看ん」、見てみなさい、と。

「雲門の語を識得せば」

次に本則です。「挙す。雲門、衆に示して云く」、雲門が大衆に向かってお話をされた。「乾坤の内、宇宙の間」。天地の中で、宇宙の間で。非常に広い空間が挙げられていますね。お釈迦さまの四つの聖地というのがありますが、その一つは悟りを開いたところ。悟りを開いたときに、そういう広い広い世界へ飛び出せたわけです。いわゆる、空に開かれる、というところだと思います。

その中に、「一宝有り」。一つの宝がある、というのです。こういうことを言ってくれるのはありがたいことですね。なぜなら広い世界なので、探しようがありません。けれども、その中に一宝があると、雲門大師が教えてくれているのです。ではその一宝は何か。それはまだ言ってくれていません。しかし、どこにあるかは言ってくれています。「形山に秘在す」。形山は私たちの肉体だそうです。肉体の中に、密かに存在している。

ここまで聞いて、どのようなことを思いますか。どんな言葉を思い出しますか。「赤肉団上に一無位の真人あり」、こういうことだと思います。そして、それをそこだけで留めないで、というのが次の言葉。「灯籠を拈《とりあ》げて仏殿裏に向い」。これはまだ分かりますね。

次に、「三門を将《もっ》て灯籠上に来たらしむ」。これはちょっとわかりませんね。大きな三門を、どうして灯籠の上に乗せることができるのか。それは私たちが生まれてから身につけた分別知で思うからです。親からいただいた不生の仏心である無師の智をもって見ていただけば、なんでもないことだ、ということになると思います。ここまで来てほしいというのが、雲門大師のお心でしょう。

頌にいきます。「看よ看よ」、これは「一無位の真人」のところで出てきますね。臨済禅師もそう言っていますね。「古岸何人か釣竿を把《と》る」。さびれた岸でしょうか、それとも、今だけでなく、昔から今まで、あるいは今を通り越して未来まで、いったい誰が、釣竿を垂れているのだろうか。釣りをしているのだろうか。これだけでは全くわかりませんね。そこで、著語を入れてみました。

看よ看よ、〔高く眼を著けよ。看ることを用いて什麼《なに》か作《せ》ん。驪龍《りりょう》珠《たま》を玩《もてあそ》ぶ。〕古岸何人か釣竿を把《と》る。〔孤危は甚《いか》にも孤危、壁立は甚《いか》にも壁立なるも、賊過ぎし後に弓を張る。脳後に腮《あご》を見れば、与《とも》に往来すること莫《なか》れ。〕雲は冉冉《ぜんぜん》、〔打断《たちき》りて始めて得《よ》し。百匝千重《ひゃくそうせんちょう》。炙脂《しゃし》の帽子、鶻臭《こつしゅう》の布衫《ふさん》。〕水は漫漫。〔左之右之《うろうろ》して、前に遮《さえぎ》り後に擁《ふさ》

ぐ。」名月蘆花、君自ら看よ。〔看著すれば則ち瞎《かつ》す。若し雲門の語を識得せば、便ち雪竇の末後の句を見ん。〕

「高く眼を著けよ」と圜悟禅師が言っています。こう言っていながら、「看ることを用いて什麼《なに》か作《せ》ん」。見て、そこに何があるというのか、と逆のことも言っています。「驪龍《りりょう》珠《たま》を玩《もてあそ》ぶ」。驪龍は黒龍でしょう。あごに玉があるというのです。この龍は顎の下に玉がある。ここでは驪龍は雲門と雪竇のことを言っているのでしょう。二人して宝玉を弄して遊んでいると。それとも雪竇、おまえさん自分のことか。

「古岸何人か釣竿を把《と》る」。古岸ですから、誰もいないようなところで釣り糸を垂れている人がいる。太公望か、雲門か。「孤危は甚《いかに》も孤危、壁立は甚《いかに》も壁立なるも、賊過ぎし後に弓を張る」。孤は一人ですね。人の力を借りないこと。これはどなたも経験があると思いますが、本当に大事なことをするときには、自分一人でしなくてはなりませんね。よそ様の力を借りられれば、それに越したことはありませんが、ここは自分一人でしなくてはいけない、という経験が誰にもあると思います。それが孤危です。危険千万、危ないからこそ、よそ様の力は借りられない。自分でしなくてはいけないのだ。「壁立は甚《いかに》も壁立なるも」、このように窮している時に、人様の力を借りられればいいけれども、借りられない。そういうことがあっても、お互いにこうして生きているわけです。ですから、そこを何らかの形で乗り越えているわけです。それは一つの悟りですね。そう考えていただかなくてはいけません。

そういう体験も大事だが、「賊過ぎし後に弓を張る」。遅いぞ、というわけです。「脳後に腮《あご》を見れば、与《とも》に往来すること莫《なか》れ」。エラが張っている人は氣をつけよ、ということわざがあるそうです。友達にすると、後でえらい目にあうぞ。そんなことをここで言っています。看よ看よ、脚下照顧が足らんのとちがうか。

「雲は冉冉《ぜんぜん》」、雲はあてどなく。「水は漫漫」、一分の隙もないくらい漫々と湛えている。そうしますと、「あてどなく」と「漫々」。いっぱいあって、しかも一分の隙もない。たとえば、放参という言葉がありますね。「今日は参禅やめ」という時、雲水にとってはこれほどの喜びはありません。参禅がなくなって自由時間になるのですから。それがある意味で、「雲は冉冉」という世界。そして「水は漫漫」。入り込む隙もないくらい、水が満々と湛えられている。これは放参の逆だと思います。

そこにはどんな著語があるかというと、「打断《たちき》りて始めて得《よ》し」。「百匝千重《ひゃくそうせんちょう》」。両方否定しているのだと思います。貧しくとも自由があればよいのでもなく、そうかといって、豊かになればよいというものでもない。「打断《たちき》りて始めて得《よ》し」。断ち切らないと、百匝千重になって、身にまとわりついて一歩も動けなくなるぞ、と。「炙脂《しゃし》の帽子」、それにしてもまだ、脂のついた帽子だ。まだ仏法くさいぞ、というのでしょうか。そこをまず断ち切らなくてはいけない、ということでしょうか。それが放参でしょうか。「鶻臭《こつしゅう》の布衫《ふさん》」、鳥の匂いがついた着物。その臭みを取り払わなくてはいけない。これは何でしょうか。

「左之右之《うろうろ》して、前に遮《さえぎ》り後に擁《ふさ》ぐ」。「水は漫漫」ですから、右を向いても左を向いても漫々。前も後ろも水が塞いで、人をデクノボーにしてしまう。

「名月蘆花、君自ら看よ」。そしてここには、「看著すれば則ち瞎《かつ》す」と、圜悟禅師が著けています。見ることにとらわれると、というのです。最初に雪竇は「看よ看よ」と謳い上げました。臨済禅師もそう言われましたが、見ることにとらわれると、盲目になるぞ、と言っているのです。とらわれることがあってはだめだというのです。

それが無心ということでしょう。無心というのは、煩悩妄想がないだけではなくて、好事もない。「看よ看よ」はいいけれども、見ることにとらわれると、物事をありのままに捉えることはできないぞ。そこで、一面において「高く眼を著けよ」と言っておきながら、「看ることを用いて什麽《なに》か作《せ》ん」と、反対意見も出しているわけです。このあたりをぐっと、良い味加減にするのは、私たち一人一人の加減です。ぜひこのところを、良い味加減にしていただきたいと思います。

「若し雲門の語を識得せば」、識という字はよく出てきますね。達磨大師が武帝から問われた時にも「不識」と答えています。雲門の言葉、一句を識得できたら、「便ち雪竇の末後の句を見ん」。末後の句というのは「名月蘆花、君自ら看よ」だと思います。この一句がよくわかるだろう、ということです。そこで、もう一度最初にかえってやり直さなくてはいけない感じですね。行き過ぎても間違いだと思います。味加減のいいところで抑えなくてはいけません。

「名月蘆花、君自ら看よ」

まず、本則が問題です。読み直してみましょう。

「挙す。雲門、衆に示して云く、乾坤の内、宇宙の間、中に一宝有り、形山に秘在す、と。灯籠を拈《とりあ》げて仏殿裏に向い、三門を将《もっ》て灯籠上に来たらしむ」。これが雲門の一句だと本当に飲み込めたら、雪竇が最後にうたった「名月蘆花、君自ら看よ」がよくわかると思います。

そして、垂示の圜悟禅師の言葉をここに使いますと、「この雲門の語は、無師の智を以て無作の妙用を起こしたところだ」と。これは具体的には、雪竇のこの言葉を指すのです。そして「無縁の慈を以て不請《ふしょう》の勝友《しょうゆう》と作《な》る」。まさに、頼まれもしないのに、こんなややこしいことを言い出した。それは無縁の慈悲から出ているのだ。そして私たちの不請《ふしょう》の勝友となってくださっている。こういうわけです。

そして、頌の最後の著語の「雲門の語を識得せば」は、心の目を開く、と読んだらいいと思います。般若心経に「無眼耳鼻舌心意、無色声香味触法」とありますが、意と法です。意は心、目に見えないもの。法は目に見えますか、一つ一つのものと見たら見えますね。それが結び合って、六識と言います。最後の識は意識の識だと思ってください。無相、形のないものと形あるものを二つに分けないで、一つにして受け止めることができたなら、ということでしょう。

私たちに最も身近なのは色身と法身ですね。色身は見えます。ここにいる私たち一人一人です。しかし法身は見えません。共通しているのだと思いますが、見えません。坐禅の禅定力を借りて法身を見出した時、色身から法身に一転するのです。それが般若心経の世界です。

般若心経では、色即是空と言います。しかしすぐに打ち返すんですよね、空即是色と。空にとどまっていてはいかんぞ、というのです。色に帰らせるのです。空は目に見えませんから、帰って色になっても、何も見た目には変わらない。そこで、妙有と表すのです。

空に達して色に帰ってきたものを、妙有とするのです。色だけの時はただの有です。坐禅だけではないと思いますが、空を見つけ出すと、心地いい世界なので、そこに腰を落ち着けたくなるのですが、すぐに空即是色と帰ってくる。そのところが妙有。

もう一つ、そこから観音様になるわけですね。観自在菩薩、見ればわれ（自）にある菩薩。人々の声を聞いてスッとそこへ駆けつける。そういう自由を持ったのが、観音様ですね。

しかし今日のような言い方もあります。それは「無師の智を以て無作《むさ》の妙用《みょうゆう》を発し」。これは般若心経の「色即是空、空即是色」と同じです。「無縁の慈を以て不請《ふしょう》の勝友《しょうゆう》と作《な》る」。これはまさに観音様です。

ただ、今日の場合は、無作の妙用を強調していますから「一句下に殺あり活あり。一機中に縦《しょう》あり擒《きん》あり」。これを圜悟禅師は入れているのですね。空に開けて帰ってきた人の一句の元には、氣をつけなくてはいけないぞ。殺人刀があるぞ。活人剣もあるぞ。こう言ってくれているのです。

鉄舟の無刀流

山岡鉄舟翁に鳥瞰図の如く仏教の全体像を見事に見干《みほ》した「一刀流を無刀流に変えたわけ」という要文があります。一刀流ですから、これは形があります。これを刀無し、無刀流にしたのです。極意の目録には全く手をつけず、題名だけを変えたのです。これが鉄舟翁の力だと思います。仏法をよく味わわせてくれる言葉だと思います。ことあるごとに皆さまに話してきたことですが、改めて全文を掲げますと、「無刀トハ心ノ外ニ刀ナシト云事ニシテ三界唯一心也。一心ハ内外本来無一物ナルガ故ニ敵ニ向フ時前ニ敵ナク後ニ我ナクシテ妙応無方朕跡ヲ留メズ。是余カ無刀流ト称スルワケナリ」。

これには理由があります。宮本武蔵と同じで、鉄舟翁は三十歳くらいまで、向かうところ敵なしだったそうです。しかしそこで悩む。勝てたのは本当に自分が強かったからなのか、それともたまたま縁が味方して負けなかったのか。そんな時にある人と立ち会って、手も足も出なかった。それから十二年くらいかかるのですが、その方と互角に立ち会えるようになった。そこですぐさま目録をいただく。それが一刀流の極意書です。そして一刀流を無刀流に変えるのです。

有名な江戸城無血開城は、鉄舟が三十二歳か三十三歳の時です。そういう離れ業をやっていながらも、その先生と互角になったのは四十五歳くらいだった。鉄舟翁は鬼鉄と言われた方ですね。稽古の鬼。昼間は道場で剣を振るって工夫する、夜は坐禅して工夫する。坐禅の時に、いい境地に入れたと思うと、その先生が亡霊のようにすうっと現れるのだそうです。鉄舟翁をしてもそうなのですね。そうすると、「これで勝てる」と思った心が萎《な》えてしまうのです。

そんなことを何度も続けて、初めて互角に向かい合えるようになった時、そのとき先生の亡霊が出てこなかったと言います。同時にいい境地に入れたという自覚に至るのですね。そこで、お弟子さんに相手をさせると、「いつもの先生とは違う」と言って、木刀を投げ出してしまう。そこで鉄舟は「そうか」と言って、先生を迎えに行かせるのです。先生は喜んで来てくれるのですね。互いに向かい合うと、その構えを見ただけで「よし」と先生は言ってくださり、目録をくださった。本当に無一物になれたということですね。それまでは無一物になりきれないのです。先生の亡霊が出てきてしまい、だめになる。ですから、鉄舟翁はそういうところを通って、無刀流がふさわしいとしたのでしょう。

頌の著語にも似た言葉が出てきますね。「左《う》之《ろ》右《う》之《ろ》して、前に遮《さえぎ》り後に擁《ふさ》ぐ」。鉄舟翁の場合は、目の前に先生の亡霊がすうっと出てくる。そうすると自由でなくなってしまう。

それが、この著語にもなると思います。「名月蘆花、君自ら看よ」。これが雪竇の末後の句だというのです。これを理解するには雲門の話頭、本則の一句をしっかりとつかまえなくてはならない。それがわかれば、「名月蘆花、君自ら看よ」という言葉の意味がわかるのだ。こういうのです。

宇宙大の命を生き切る

雲門の三句というものがあります。雲門和尚の言葉は理解しにくいということで、お弟子たちが、三つのところに注目して欲しいとして挙げています。その初めが、「函蓋乾坤」。蓋と函がピタリと一つになる。天地一枚。二つ目が「截断衆流」。断ち切るということ。そして「随波遂浪」です。

「乾坤の内、宇宙の間」というのは、天と自己とがピタリと一つになる。それが臨済禅の秘訣だと思います。こういう言葉もありますね、「心法は形無くして、十方に通貫す」。心の法、心というものは姿形がない。しかし、じつはないどころか十方に貫き通っているのだ。そう言えるためには、今ここにも来ていなくてはいけませんね。今ここが欠けていては、「十方に通貫す」とは言えませんね。

臨済禅師はその証拠として、「目前に現用す」と言っています。目の前に現に働いている。臨済禅師の目の前にいるのは、臨済の話を聞いている人たち。その中に今、ピチピチと働いているものがある。理屈ではないのです。臨済禅師からは、その働きが見える。しかし、肝心の私たちには見えないのです。どういう形で働いているかというと、「赤肉団上に一無位の真人あり」。そういう形で、間違いなく働いている。

ですから、お釈迦様も悟った時、自分一人が悟ったのではない、と言っています。「山川草木悉皆成仏」と言いますね。悟りの目で見れば、すべてが仏だと。臨済禅師が私たちを見ると、一人一人が仏として拝めるのです。しかし、言われた本人がわからなければ、むだですね。宝の持ち腐れです。

ここでは最初の「乾坤の内、宇宙の間」というのが大事だと思います。間ですから、大の字ですね。乾坤を突き抜け、宇宙を突き抜けているような大きな世界に、私たちの本来の命、父母を縁としていただいた命は、そこまで通っているのだ。宇宙の果てまで通っている、そういう命を父母からいただいて生まれてきた、ということだと思います。そういうことが自覚できた時、私たちがなすべきことは何でしょう。

「妙応無方」という言葉があります。応じなくてはならない何かがあると思いますが、何でしょう。ここに一つの自覚が生まれるということは、ここでいう「無師の智」が働くということだと思うのです。無師の智は般若の智慧と言っていいでしょう。それが働き、一つの事実に目覚めた時に、私たちがなすべきことは、宇宙に対して、何か応えることではないでしょうか。

これまで、宇宙とは関係なく生きてきたと思っていたけれども、そうではなかった。絶えず、大宇宙の方は私たちに呼びかけてくれていたのだ。その呼びかけこそが、無師の智ではないでしょうか。それに私たちは応えなくてはならない。それでは、どうすればいいのか。宇宙大の命を生きるということに尽きると思います。私たちは宇宙大の命を生きねばいかんのですよ。絶えず宇宙から呼びかけが来ている。それに氣づいたら、今度はそれに対してお返しをしなくてはならないのですね。又玄窟老大師もよく「往来の大事」を説かれました。その宇宙大の命を生き切るということ。この世を「無作の妙用」を持って生き切るということです。それが大宇宙への報恩行です。

大宇宙は果てしなく、お返ししきれませんが、どこを切ってもそういう命を私たちは与えられて、生きているのだ。そして、今こそ、お返しをする。昔の人も、これから生まれる人も、今を生きています。今しか生きる場所はない。ですから、島津家の家紋「丸に十字」でたとえれば、横棒が空間、縦棒が時間だと思います。二本が交わったところが「今ここ」。時間と空間が交わって初めて、生まれ出るのです。時間軸が交わらないと、ただ大きな大きな世界があるだけです。その宇宙が動き出すには、時間軸が必要。時間軸を与えるのは、私たち一人一人、赤肉団です。そして生きる時というのは、絶えず、どなたであっても、今ここ、それだけです。昔の人は昔の今ここ、私たちは私たちの今ここ、未来の人は未来の今ここ。今ここという限定された場所で、無限の宇宙にまで届くような生き方をしなくてはならない、ということだと思います。

ですから、頭でわかるだけでなく、痛切にわかること。そうしたら、やってもやってもキリがないですね。追いつかない。一生かけてもやりきれない。しかし、宇宙からの絶えざる呼びかけに応えなくてはならない。義務感でするのではだめですね。おのずから、そうせざるをえないという世界が生まれてこないと、仏法の本当のありがたさは生まれないと思います。頭でさばいただけ、理屈はそうだと分かったというだけで、それだけで終わってしまいます。何せ、やはり実戦です。そこに、一つのものを継続させるものを見出していただきたいと願います。

「名月蘆花、君自ら看よ」。看よといいますが、どこか固定したものを置いてしまうと、とらわれてしまう。無一物すら無一物にとらわれてしまう。何も置かないのが一番なのだと。どこから見るかといえば、やはり「雲は冉冉、水は漫漫」。冉冉はあてどなく、とりとめもない。この中の言葉で言えば、「縦」。鳥かごから鳥を放つ。それに対して、漫漫。

めいっぱい、そこにある。加える隙もないほどにある、というもの。この両方を一つにした不二の世界から「名月蘆花、君自ら看よ」と、雪竇は言っているのです。

何一つとらわれることのない、広い広い視座に立って、見てほしい。だから「自（みずか）ら」、当然「おのずから」という意味もあるでしょう。ですから、振り仮名がふってありません。本当はこういうところこそ、どちらで読むかの判断が難しいところでしょう。

最後にもう一つ付け加えさせてもらいますと、「妙応無方、朕迹を留めず」という言葉があります。鉄舟翁のように、どこから打ち掛かってこられても、見事に対応できる。そして終わったら、後は何一つ残らずきれいさっぱりというところです。兵《つわもの》どもが夢の跡。夢すら残さない。妙応無方というところ、それが一心の世界だと思います。今日の言葉で言えば、無作の妙用が働いている。無作の妙用が終われば、何一つ後に残っていない。後に残っていないというのは、消極的な意味でなく、無作の妙用だけで大満足だという世界です。だから、誰かに何かを言われても、それに対して言いかえす氣すら起きない。自分は無作の妙用に全て出し切り、スカッと氣持ちいい。何か言うと、かえって氣分が悪い。だから一切の弁解なしで突っ切っていけるような世界。それが「朕迹を留めず」という世界だと思います。雲門の「一宝」はそこまで私たちを案内してくれる。だから仏法は大きく、偉大なのです。

それにしても道を求める人たちがいかに臨済録を読み込み刻苦研鑽したか、「一刀斎先生剣法書」に次の語がありました。

「千刀万剣を唯一心に具足し、十方に通貫して変転自在也」。

南泉斬猫——第六三則「南泉両堂争猫」

【垂示】垂示に云く、意路《こころ》の到らざる、正に好し提撕《ていぜい》するに。言詮《ごんせん》の及ばざる、宜しく急《ひた》と眼を著《つ》くべし。若也《もし》電転じ星飛ばば、便ち湫《いけ》を傾け獄《やま》を倒す。衆中に辨得《やりこな》す底《もの》有るなきや。試みに挙し看ん。

【本則】挙す。南泉一日《あるひ》、東西の両堂、猫児《ねこ》を争う。南泉見て遂に提起して云く、「道い得ば即ち斬らず」。衆対《こたえ》なし。泉、猫児を斬って両段《ふたつ》と為す。

【頌】両堂倶に是れ杜禅和《でたらめぼうず》、煙塵を撥動して奈何《いかん》ともせず。頼得《さいわい》に南泉能く令を挙して、一刀両断して偏頗に任《まか》す。

「南泉斬猫」

垂示からまいります。「垂示に云く、意路《こころ》の到らざる」、これをご覧になって、何を思いますか。「到」という、字は違いますが、似た表現がありませんか。今まで出てきた言葉で、「理致」というのがありましたね。ここでは、「意」は「心」とも読めますから、心の道の至らざる、ということとしますと、理致というのは道理が至る、ということですね。道理が行き着くところまで行き届いている。そのように至っているということを、法身としたわけですね。理の致るところ、これを法身としたのです。それは理ですから、仏さんの世界なのだ。こう、つかまえてきたわけです。ここでは「こころ」と読みが振ってありますから、どちらかというと、仏様のこころというよりも、私たちのこころのようなニュアンスが入ると思います。

もう一つ大事なことは、「到らざる」、その時にこそ、「正に好し提撕《ていぜい》するに」と言っております。「提」は「さげる」と読みます。心の道が及ばない。心に掛けてはおるんですが、なかなか実現しない。その時こそ、「正に好し」、一番いい時節なのだ。何をするのにかといえば、「提撕《ていぜい》するに」と。ひっさげて進んでいくのに、という感じになるのです。従来の伝統的な言葉で言いますと、道場でお師家さんが提唱する、というのが提撕の一つに当たると思います。それに限らないとは思いますが。

「言詮《ごんせん》の及ばざる」、言葉ですね、言葉で説いても及ばざる、説き尽くせない時はどうか。「宜しく急《ひた》と眼を著《つ》くべし」。目をそこに付けなくてはならない。注目しなくてはならない。

こう、圜悟禅師はおっしゃるのです。

「若也《もし》電転じ星飛ばば」。その時、何かが起こるというのです。雷がゴロゴローッと鳴り、空の星が飛ぶように。これは流星でしょうか。

「便ち湫《いけ》を傾け獄《やま》を倒す」。意路の到らざる時に、我々が禅に学ぶ、そのときこそ提撕する好時節だ、とばかりに、あきらめないで、自分の身から離さないでいれば、また言葉が説いても説いても及ばざる時に、ひたと、言葉が及ばないままに、心につけて離さないでいると、何かが起こる。電転じ星飛ぶような大きな変化がそこで起きるのだ。そうすると、どうなるかというと、「湫《いけ》を傾け獄《やま》を倒す」ような、天地をひっくり返すような大力量が得られるのだ、と言っているのではないでしょうか。

「衆中に辨得《やりこな》す底有《もの》るなきや」。これは圜悟禅師の垂示を聞いているお弟子さんたちの中に、この圜悟が言ったことに用心して、電転じ星飛び、そこから自己を主体として、天地をひっくり返すような大力量を獲得する者は出て来んか。「試みに挙し看ん」。試しに、そんな例を挙げてみるから、一つ、よく見なさい、と言っているのだと思います。

本則です。有名な「南泉斬猫」という公案です。

南泉和尚のある日の出来事です。「東西の両堂」、このころは禅が最も盛んだった時期で、僧堂も一つでなく、東西に一つずつあった。その僧堂間で、自分たちが飼っている猫だと、互いに一匹の猫を争っていた。

「南泉見て遂に提起して云く」、この「提」が垂示の「提撕」の提ですね。ひっさげる。その争っている真っ只中に、南泉和尚は乗り出してきまして、その猫を奪って、ひっさげて言われた。

「道い得ば即ち斬らず」。何か一言言ってみろ。氣の利いた一言を言ったら、斬らないでおこう。一句言い得なければ、ぶった斬るぞ、と言ったのです。

何と答えたらいいのでしょう。いかがでしょうか。一句というのは、禅の方では言葉でなく、動きでもいいのです。一喝を放ったり、棒でたたいたりするのも一句と言えるのです。

ところが、「衆対《こたえ》なし」。誰一人答えるものはなかった。そこで、「泉、猫児を斬って両段《ふたつ》と為す」。真っ二つに斬ってしまった。殺生をしたのです。そして、外人の間では一番評判の悪い和尚になってしまいました。

ちょっと前に戻りまして、第六〇則を思い出してください。これは非常に似ているのですね。「垂示に曰く、諸仏と衆生と、本来異なること無し」。諸仏と衆生、諸々の仏たちと衆生、つまり諸々の生きとし生けるものと、「本来異なること無し」と。

これが禅でいう真実ですね。異なることはないのです。異なっていますが、異なっているだけでしたら、世間と同じ見方ですね。やはりどこか、世間の見方と違うところがなくてはならないと思います。世間では、常識でものを見ます。具体的な例を出すのはやめておきますが、世間では常識を大事にして、常識でものを見る。

それに対して、禅を学んでいる、特に臨済禅を学んでいる私たちは、いったい何をもってものを見たらいいのでしょう。常識ではなく、何をもって見たらいいのでしょう。それもみなさん、この禅会では溝口先生から丁寧に十分に教えてもらっているはずなのですが、いかがでしょうか。

「般若」です。ですから般若心経を読むのですね。般若の眼《まなこ》で物事を見ていただきたいのです。般若は単に、平等というだけではないのですね。私たちは、「衆生本来仏なり」という白隠さんの坐禅和讃を読みますから、当たり前のように思っています。何が当たり前かというと、衆生と諸仏と本来異なることはない、ということが、まさに何の抵抗もなく入ってきてしまうのです。

しかし、それが曲者なのですね。白隠さんが言っている言葉でもあり、すうっと入ってきてしまうだけに、それでわかったような氣になって、あまり問題としないわけです。でもこれは、私たちの常識とは全く違うほど大変なことを、六〇則の垂示は冒頭に出しているのですね。

そこで、「山河と自己と、寧《なん》ぞ等差《ちがい》あらんや」。山や川と自分と、いったいどこに違いがあるのか。同じだ、と言っているのですね。平等だと。山河と自己とは同じではありませんが、違うといっても、平等なのだというのです。

「為什麼《なにゆえ》にか却って渾《すべ》て両辺と成り去る」。ああ、それなのにどうして、私たちは二つに分けてしまうのか。どうして、諸仏と衆生、同じだけれど、仏と我々、生きとし生けるもの、山や川と人間とを分けるのか。こうなりますね。

「若《も》し能《よ》く話頭を撥転し」、話頭は問答ですね。問答を自家薬籠中のものとなして。あるいは、「要津を坐断するも」、重要な港にしっかりと腰を据えて、十方を坐断するも、「放過《みのが》せば即ち不可」と圜悟さんは言っています。

見逃すとだめだぞ。放り出してしまうとだめだぞ。白隠さんが「衆生本来仏なり」と言っているのだから、ここでは圜悟禅師が衆生と諸仏とは本来異なることなし、と言ってい るのだから間違いない、と言って「放過」してはだめだぞ。ここで了《おわ》りなどと思ったら、いつになっても分からないぞ、ということだと思います。

「若し放過せざれば」、もし見逃さなければ。そこで放り出さないで、了りとしないで、ということですね。これは本則の「提撕《ていぜい》」ですね。ひっさげて共に歩く。「放過せざれば」、提撕すれば、なおも道を極めようとして持ち歩けば、身から離さずに歩いていくと。「尽大地も一捏《ひとひねり》すら消《もち》いず」。そのままで大地をひっくり返すことができるようになるぞ。第六〇則ではそういう垂示をしています。この六三則では何と言っているか。「湫《いけ》を傾け獄《やま》を倒す」ような大力量が獲得できると言っているのですね。ですから、言葉は違いますが、言っていることは同じだと言えるわけです。

それを押さえて、この六三則のことを問題とすべきだと思うのですね。南泉が斬ったのは、猫だと思うと、この則は読めないと思うのです。南泉が斬ったのは、猫だったのか。猫も斬っていますが、本当に南泉が斬りたかったのは何か。そこへ眼を置きませんと、南泉和尚は浮かばれないと思うわけです。

南泉和尚が本当に斬りたかったのは、いったい何でしょうか。雲水の執着心ですね。それこそが世の中の実態ですね。雲水だけではありません。現実の我々の実態です。

例えば、トランプさんは何と言っているでしょうか。自国第一主義と言っていますでしょう。公に言っていますが、それを誰一人、諫める人はいない。おかしな話ですね。ですから、雲水だけではない。我々人間全体の問題だと思います。我々に含まれる執着心を、どう斬り取るか。そういう問題になっていくと思います。

一刀両断する

そこをもう一つ、雪竇さんの頌で確かめてみましょう。

「両堂」、東西の禅堂がお互いに、「倶に是れ杜禅和《でたらめぼうず》」。杜撰《ずさん》の「杜」、ですね。雲水ですから和尚とは言いませんが、禅の修行者。そこに一人前の坊主は一人もいなかったのかということですね。こう言って雪竇さんは東西の禅堂の坊主を批判します。「煙塵を撥動して奈何《いかん》ともせず」。塵埃を煙のように吐き散らし、猫の所有権を主張しながら、南泉和尚の質問に誰一人答えることはできなかった、と。

後半ではどう言われるか。「頼得《さいわい》に南泉能く令を挙して」、幸いに、南泉和尚がいて、――この「令」は禅の方では「正令」ですね。正しい命令を言葉としてあげて。言葉だけでなく、行動も含めてですね、「一刀両断して偏頗に任す」。一刀のもとに斬り捨てて二つにしてしまった。「偏頗」というのは、「やり過ぎ」ですね。「偏頗」が何にかかっているか。自由にいろいろとかけたらいいと思います。

ともかく、南泉和尚が行った事実は、猫を一刀両断にしたということです。そして、あとは誰がなんと言おうと、「偏頗に任す」。自分の心などはもう持ち出さず、言いたい放題になんと言われても、任された。これは南泉和尚を言っています。一刀両断だけはしなくてはならない。そう思ったからやった。あとは、なんと言われようと甘んじて受けよう、ということだと思います。


第六〇則を復唱しますと、本則に「拄杖子」とありますね。さっと読みますと、「拄杖《しゅじょう》子《す》化して龍と為り、乾坤を呑却《のみこ》み了れり。山河大地、甚処《いずこ》よりか得来たる」。こういう公案ですね。自分が持っている拄杖子、托鉢に使う山から切り出した木の杖ですね。これが龍となって乾坤を飲み込んでしまった。そうすると、山河大地も飲み込んだということですね。消えてしまった山河大地は、どこから出てくるか。

これに対して、雪竇さんが頌で謳います。「拄杖子、乾坤を呑む」、拄杖子が乾坤を飲み込んでしまった。龍は出てこないのです。拄杖子が龍となって、龍が乾坤を飲み込んだというのですが、雪竇は龍を間に挟まないのです。「徒《むな》しく説《い》う、桃花の浪奔《はし》る」と。「拄杖子、乾坤を呑む」というだけで十分だというのです。なんで、龍などを持ち出す必要があろうか。

「尾を焼く者も雲を拏《とら》え霧を攫《つか》むに在らず」。中国の伝説で、桃の花が咲くのが三月頃、そして桃の花が散って川を埋める頃、「三級の滝」というのがありまして、架空のことだと思いますが、そこを鯉が上っていくそうです。上りきると、しっぽを焼いて龍となり、天高く舞い上がっていく。いわゆる登竜門という言葉があります。鯉が滝を登り切って龍となる。

「腮《えら》を曝《さら》す者も」、上り損なって、鰓をむき出しにするものも、「何ぞ必ずしも胆を喪い魂を亡わん」。こう言っています。鰓をさらしてしまうものも、そんなことはないぞ、と言ってくれているんです。三級の滝を上り得たものと、上り損なったものと、般若の眼《まなこ》から見ればどんな違いがあるというのか。皆それぞれ仏ではないか。こういうことだと思います。

登竜門に合格したから、上り損なったから、そんなことで違いが出てくるようなところでは、見ていないわけですね。もうひとつ深いところで、がっちりと生きとし生けるものの存在を押さえているのだと思います。

「拈じ了れり」。これで十分だ。「聞くや聞かずや」。しっかり聞いてもらえただろうか、それとも全然耳に入らなかっただろうか。「直に須らく灑灑落落《しゃしゃらくらく》たるべし」、大事なのは、直に、何も間に挟まないで、「須らく」、綺麗さっぱり、「灑灑落落たるべし」、綺麗さっぱり落としきる。身にまとわりついた余計なものを落とし尽くして、綺麗さっぱりとなることが大事なのだ。それには、登竜門に上ったとか、失敗したとかいうことは、忘れてしまえ。そして、生まれたままの、灑灑たる本来の自己に返るべきだ。「更に紛紛紜紜《ふんぷんうんうん》たることを休《や》めよ」。あれこれと余計なことを言うことをやめよ。

まずここが、この六三則と共通していますね。南泉は猫を一刀両断します。せざるをえなかったのです。あとは、この上さらに、一刀両断がどうだこうだと、ゴタゴタ言うことをやめろ、と言うわけです。

もう一つ大事なことが続くのです。雲門の則です。「七十二棒且《まず》は軽恕す、一百五十、君に放《ゆる》し難《がた》し」。このあたりは難しいですね。中国語ですから、読み下してはいますが日本語とは違います。これは、七十二回、棒で叩くという罰、そういう罰があったのです。七十二棒叩くところだが、今日のところは勘弁しておこう、ということです。七十二棒叩かれるのは何者かと言いますと、それは「灑灑落落」たるもの。ということは、「灑灑落落」になっても、これは素晴らしいことですが、七十二棒叩かなくてはならない。これが禅の伝統ということですね。

では「一百五十」とはどういうことか。これは、「更に」というところです。その上で、「紛紛紜紜《ふんぷんうんうん》たることを休《や》めよ」。ああでもない、こうでもないという連中は、七十二棒では許されないぞ、百五十棒叩くぞ。これは、許し難し、というのです。これがまさに、私は、南泉の一刀両断ということだと思うのですね。

「偏頗に任す」の偏頗が、紛紛紜紜にあたると思います。そうすると、そういう連中には百五十棒食らわせなくては、ということになります。その根底は一つですね。何かということと、「本来」ということと、「現実」という問題だと思います。私たちはこの世に現実に生きています。それを本来の姿に戻すには、灑灑落落にならなくてはならない。この世でいつの間にか溜め込んだものを、綺麗さっぱり落とすことが必要なんですね。

ですから、一口に言えば、「死んで生きるが禅の道」です。死ななくてはならない。死ぬということは、命を落とすということではなくて、灑灑落落たればいい。無一物になればいいのです。そうすれば本来の姿になれる。しかし、なかなか難しいですね。その難しいところを、この公案に表しているのだと思います。

雲水にも執着心があったと言われますが、その通りだと思います。雲水だけでなく、我々皆がそうなのですね。そこで、どうしてもわからせるために、七十二棒が必要なのです。しかし今日はそれを勘弁しておこうと、六〇則では言っています。しかし、さらに紛紛紜紜たることを言い、その上、それが終わった後で、一刀両断した後で、それについて紛紛紜紜、偏頗にゴタゴタ言う連中は、百五十棒、許し難いぞ、というわけです。

それはなんとかして、現実の執着心に満ちた我々の有り様を、本来の無一物底に返さんとする南泉和尚のお心だと思うのですね。このお心が見えないで、南泉の行為はうんぬんできませんね。どうして一刀両断したか。この執着心の抜けきらない雲水たちに、自分たち自身の本来の心の有り様をわからせるためには、斬らざるをえなかったのだと思います。

猫を真っ二つに斬った時、そこに何かが起こる。「電転じ星飛」ぶようなことが起こると確信して、南泉和尚は叩き斬った。けれども、それが一向に起こらなかったわけです。誰一人わからなかった。そうすると、これはやるせないですね。自分が生き物を殺したのは間違いのない事実ですから。地獄に落ちるのは覚悟してやったけれども、一人として目《め》覚《ざ》めなかった。旧態依然だった。それで、のちに趙州和尚が登場するのを待たなくてはならなかったのです。

猫を叩き斬ったらどうなのでしょう。どんな状態なのでしょうか。私はたまたま、托鉢の時に、車にひかれて内臓が飛び出した猫を見たのですが、それにしてもすごいですね。複雑です。人間がつくれるものではありません。それを、果たして自分のものと言えるでしょうか。自分たちのものだと言えますでしょうか。猫一匹とて、天上天下唯我独尊ですね。いかにおれのものだ、と言うのが間違っているか。それに氣づかなくてはいけませんね。ところが、その連中は氣づかなかった。

雲水たちは、自分自身の心のありさまにも氣づかなかった。ましてや、南泉和尚がなぜに猫を目の前で斬ったかということには、なおさら思いが及ばない。それで、この場は終わるわけです。

一口に揚子江の水を飲み尽くす

これから話すことを、頭のどこかに入れておいていただきたいと思うのですが、昔の人はやはり、生きることに苦しみましたね。いったいどう生きたらいいのか。そこで次のような問いを発するわけです。

唐時代、禅が盛んだった頃に、龐居士《ほうこじ》という有名な方がおられました。あるとき、馬祖大師に尋ねるのですね。「万法と侶《とも》たらざるもの、これ何人《なんびと》ぞ」と問うわけです。万法ですから、あらゆるものですね。あらゆるものと侶たらざるもの、「侶」は伴侶の侶ですね。一切のものとかかわりをもたない者とは、どういう人でありますか。

長い物には巻かれろという諺がありますね。そうすると生きやすくなると。でもそういう生き方はしたくないと、龐居士は言っているのですね。長いものに巻かれて生きても、生きる喜びは出てこない。そんな生き方しかないのでしょうか、もっと他の生き方は考えられないのでしょうか、と馬祖大師にお尋ねしたのだと思います。

　すると、これに対して馬祖大師は「汝が揚子江の水を一口で飲み干すことができたら、その時に答えてやろう」と返すのですね。そんなこと、できっこないですね。一口で揚子江の水を飲み干せるわけがない。ですから答えないのと同じです。しかし、それまでの修行の蓄積があったのでしょう。馬祖大師のその答えを聞いた途端に、龐居士は大悟してしまう。大きな悟りを開いたというのですね。

　ですから、私たちは、この馬祖の答えに着目しなくてはなりません。汝が一口《いっく》に西江《せいごう》の水を飲み干した時に答えよう、というわけですね。西江とは揚子江ですね。その水を真剣に、どうしたら一口で飲み干せるかということについて、心ある人が皆、昔の人は考えたのだと思います。

　もちろん禅宗の人は馬祖の言葉を工夫しました。禅宗ばかりでなく、いろんな人が考えました。そしてこれは、禅宗から出たのかどうかわかりませんが、剣道にいそしむ人が書き残してくれているのですね。どういうことを書き残しているかと言いますと、「ハ・セ・セ」というふうに書き残してくれているんです。

どういうことかというと、西江水《せいごうすい》の在りかは、「ハ・セ・セ」。――「ハ」は私たちの腹だそうです。「セ」というのは背中、腹の裏ですね。最後の「セ」は西江水だと。ですから我々に親しい言葉で言えば、臍下丹田ですね。氣海丹田とも言いますね、臍《へそ》の下あたり。そこに西江水をため込めと。西江水とはなんでしょうか。呼吸ですね。息です。出入りする息を、腹を中心にして満たせ、というのです。

そうしますと、思い出していただきたいのですが、臨済さんの言葉に、こういうものがありますね。「万法は形無くして十方に通貫す」と。腹の辺りに入れることのできる空氣というのは、たかが知れていますね。揚子江の水どころではありません。これっぽっちも入りません。しかし呼吸、息は、形がないことによって十方に通貫す、ということになっているわけですね。

私たちのお腹に出入りする呼吸は、ほんの一部でありますが、その一部が揚子江の水と同量になれる。いやむしろ、揚子江の水などというのは、はなはだちっぽけだと言えるようになる。そういうことが起きるわけですね。

なぜか。それは形がないからです。そしてそうなることによって、十方に通貫するというのですから、天地いっぱいにもなりえますね。天地を超えて、宇宙いっぱいということも考えられますね。それは形がないから、十方に通貫しているからです。

そうしますと、宇宙と自己が一体になったら、「山河と自己と」、山河をぶっ超えて、宇宙と自己が一つになる。二つでないというところに出会えたら、宇宙から見たらどうなのでしょう。揚子江の水を腹に収めるなんて簡単ですね。そういう不思議が起こるわけです。これが実感として起きるのです。

ですから、六〇則の垂示に、「山河と自己と、寧《なん》ぞ等差《ちがい》あらんや」とありましたが、これは「宇宙と自己と、寧《なん》ぞ等差《ちがい》あらんや」となっていきますね。違いがないのだったら、揚子江の水を一口で飲むということも、なんでもないことだ、となりますね。実際、禅の方で残っている言葉としましても、「一口《いっく》に吸尽《きゅうじん》す、西江水《せいごうすい》」とあります。私たちはこれを、理屈抜きで心がけていきたいわけです。

私の国のお師匠さんが、今のような話をした時に、若い女性から言われたそうです。お腹をそんなに大きくしたくないって。そうしたら先生は「大丈夫です、そうなりませんから」と答えたそうです。ですから、形ではないのです。形はないのです。形がないから、天地いっぱいなのですよ。天地に通貫するわけです。ぜひ、これを心がけていただきたいと思います。

皆さんも、絶対に遅いということはありませんから、ここに目をつけて、西江水を腹いっぱいに溜め込んで、腹いっぱいを超えて、宇宙いっぱいに充ちるほどに、満たしていただきたい。そうすれば、世の中の問題、次から次へと起きてきますが、どんなことがあってもきっと、いい生き方をしていただけるのではないか。このように心から願っておりま
す。

草鞋を脱ぎ頭上に載せて出づ――第六四則「南泉問趙州」

【本則】挙す。南泉復た前話を挙して趙州に問う。州便ち草鞋《わらじ》を脱ぎ、頭上に載せて出《い》づ。南泉云く、「子若《そなたも》し在らば、恰《まさ》に猫児《ねこ》を救い得てんに」。

【頌】公案円《まど》かになり来たって趙州に問い、長安城裏、閑遊するに任《まか》す。草鞋を頭に載す、人の会《え》するもの無し、家山に帰り到って即便《すなわ》ち休す。

「公案、円かになり来たって」

本則から見ていきます。「挙す。南泉復た前話を挙して趙州に問う」と始まります。前則、六三則で起こったことを南泉が趙州に語ったのです。こういうことがあって、私は猫を斬ることまでしたが、誰一人わかってくれなかったと。

すると、「州便ち草鞋《わらじ》を脱ぎ、頭上に載《の》せて出づ」。趙州和尚は、外から帰ってきたから草鞋を履いていたのですが、それを脱いで頭の上に乗せ、回れ右をして出て行ってしまった。

それを見て、「南泉云く、子若《そなたも》し在らば」、そなたがもしその場におったら、「恰《まさ》に猫児《ねこ》を救い得てんに」、猫を斬らないで済んだのに、とつぶやくわけです。

そこを、雪竇が頌に謳います。「公案円《まど》かになり来たって趙州に問い」。南泉和尚が趙州に問うたわけです。「公案円《まど》かになり来たって」。円かに、と言っていますが、猫を斬っているのに、どこに円かがあるのでしょうか。一人も氣づくものがいなかった、一句言えるものがなかったのにもかかわらず、そう謳い上げるお氣持ち、心は、どこにあるのでしょうか。そこをまず見ていただければと思います。

公案は円かに完全にしたのだ、ところが、一人も答えるものがいなかったということが問題です。関ですね。関所を通る、透関底のもの、関所を通り抜けるもの。これが見性ということでしょう。今風に言えば、窮屈なところから、より開けた世界へ抜け出る、躍り出るということになると思います。

雪竇は宋時代の方ですから、公案禅の時代の方です。趙州和尚の無字、六祖慧能大師の父母未生以前汝が本来の面目などが公案として与えられる。それをパスした人。透関底の人ですね。

そうしますと「公案円《まど》かになり来たって」は、どこに見たらいいのでしょうか。一人もそのような人は出なかったのです。ですから猫が斬られてしまった。猫を斬り殺したということで、南泉和尚は悪者になっています。けれども、そこに「公案円《まど》かになり来たって」と言っているのはどういうことでしょうか。

ここで趙州和尚は立派に答えていますから、透関底の眼《まなこ》を持っていたのでしょう。だから趙州和尚がその場にいてくれたら、となるのです。趙州和尚と南泉だけが透関底の眼を持っていて、他のお弟子たちにはなかったので、猫を殺さざるをえなかった。外国の方々には、南泉和尚は本当に評判が悪いのです。非常に非難される。しかしこの通り、猫を殺した、斬り殺したところに、円かということが言えると思います。自制して猫を殺さなかったら、外国の人には評判のいい和尚になったかもしれませんが、公案を円かにしたとは言えないと思います。

これこそが決め手だったと思うのです。弟子を見性に導く最後の決め手が猫を斬ること。そこまでするのか、それとも殺生だとしてやめるか。これが分かれ目です。南泉和尚は斬った。ところが弟子たちにはわからなかった。だから、憤懣やる方ないのですよ、南泉は。わかってくれれば、自分は地獄に落ちても満足だったでしょうが。そこで、趙州を待たなくてはならなかったのです。南泉は弟子可愛さのためにそこまでやったのです。弟子たちの目を開かせたいという氣持ちで、そこまでしてしまった。

斬り殺すということと、見性の関係性はどうでしょうか。斬りたくはなかったが、そうしなければ弟子たちは無眼子のままで、また時を過ごさねばならない。そう思って、そこまでやってしまった。

斬り殺すことによって、そこに一つの衝撃が走りますね。その衝撃が大事なのだと思います。おそらく、猫はぎゃっー！と叫びますね。そして真っ二つに斬られたら、内臓が飛び出ます。内臓がいかに精密なものか。この内蔵を私たちが作れるでしょうか。そんな内臓を持っている、完璧なこいつを、自分のものとどうしていえるでしょう。おれたちが食事を与えているのだとか、いろいろ争えますが、猫の死骸の、全てに値するような何を私たちは猫に対してやってきたのか。そういうことだと思うのです。

所有欲、執着心が問題ですから、全身がおぞけ立つようなことが、最後の手だったと思うのです。例えば、雨だれの音がすごい響きを持って飛び込んでくる。それを引き起こす最後の手立てが、その一刀を下すことだった。

にもかかわらず、というのが頌の最初のところだと思います。「公案円《まど》かになり来たって」。公案としての働きの全てを、南泉は尽くしたけれども、誰も空に開けるものが出なかった。新しい世界へ飛び出せるものがいなかった。そこで「趙州に問い」、帰ってきた趙州に問いました。

「草鞋を脱ぎ頭上に載せて出づ」

そしてこの本則です。「州便ち草鞋《わらじ》を脱ぎ、頭上に載《の》せて出づ」。草鞋を脱いで頭の上に乗せて出て行った。これが氣に入ったようですね。「南泉云く、子若《そなたも》し在らば、恰《まさ》に猫児《ねこ》を救い得てんに」。

そこを頌では、このように唱《うた》います。「長安城裏、閑遊するに任《まか》す」。ここはどのように訳したらいいでしょう。趙州和尚が草鞋を脱ぎ、頭の上に乗せて出て行ったところを、このように謳っています。

「長安城裏」は長安の街。大都会、首都です。南泉と趙州の二人がお互いに長安城裏をのどかに楽しんだ、というのでしょうか。「閑遊」が大事だと思います。どういうことを私たちに匂わせているのでしょう。なぜ雪竇はこの文字を使ったでしょうか。広々とした世界にいるんです。「草鞋を頭に載す、人の会《え》するもの無し」。お弟子さんの中には誰も出なかった。「家山に帰り到って即《すなわ》ち休す」。これはどのように捉まえていったらいいのでしょう。

いつも、公案体系ということで、三つのことを話してきました。理致、機関、向上ですね。これを捉まえておくと便利です。猫を叩き切ったのは機関ですね。現実ですから。私たちにとっては一番大切な、ここ、現実の世界だと思います。そして、南泉和尚は叩き切ることで、仏の世界、理致へ案内しようとしたのだと思います。目覚めさせようと努めた。けれどもむなしく終わってしまった。そこで憤懣やる方ないところに、趙州和尚が帰ってきて、草鞋を脱ぎ、頭に乗せて出て行った。それによって溜飲が下がった。そういうことだと思うのですね。

そうしますと、「草鞋を頭に載す、人の会《え》するもの無し」は、機関ですね。師匠の問いに対して取った行動ですから、機関の公案です。しかし「閑遊するに任《まか》す」ともあります。ですから、単に機関で答えているだけでなく、その中身は向上の世界に入っていたと言えると思います。それが「閑遊」に現れているのだと思います。

機関の公案というのは、まさに現実ですから、現実の問題にぶつかっているので、閑遊どころではないでしょうが、そこを通り越し、向上の世界まで突き抜けた。そして今は向上の世界にいるからこそ、まさに、「州便ち草鞋《わらじ》を脱ぎ、頭上に載せて出《の》づ」。これは向上の世界から出た、趙州和尚の答えだと見ていいのだと思います。そしてそれを、最後にもう一つ押さえてくれていると思います。「家山に帰り到って即《すなわ》便ち休す」。趙州は履いていた草鞋を頭に乗せた。

第六〇則の頌にありましたが、雪竇が拄杖を握って講座台を下りた。そうしたら弟子たちは叩かれたら大変だというので、みんなさあっと逃げたというのがありましたね。それでもよかったのです。ここでもそうなれば、南泉和尚は少なくとも殺生をしなくて済みましたね。ところが、そういう働きもなかったのです。

そして、無意味に南泉和尚に殺生させてしまったというのが、前則の出来事です。ここでは、透関底の眼をつけることが大事だと言ってくれています。これがなくては話にならないということです。話はそれからだ。厳しいことですが、臨済宗から言えば、その通りなのです。関門を通る、透関底の眼《まなこ》が大事です。

この眼をつけたら、どうですか。それが最後の一行です。「家山に帰り到って即便《すなわ》ち休す」。最後の「休す」を読み間違えないことが大事ですね。透関底の眼をつけるとどうなるかというと、「家山に帰り到って」になるというのです。家山ですから、本来の自己。そこに帰り到るということが、透関底の眼によっておきるのです。

透関底の眼を開いて、それからどう生きるか。自分自身のありようをどう決断するか。目は開けた。けれども、完全ではないぞ、それで百パーセントということではないぞ、ということだと思います。目を開くのは一人一人の赤肉団としてであるけれど、けれども、人としてはどうか。人としては、まだまだだぞ、未徹底ということだ、と教えてもらっていると思います。

あくまで人間としては一生、未透底だ。このように自問自答しなくてはならないでしょう。透関底の眼《まなこ》は大切だけれども、人間としては死ぬまで未透底で行かなくてはならない。それが逆に喜びとなって肯定できるというのが、体験のよさだと思います。頭で考えたらつまらない、となりそうですが、そんなことはないですね。

あの山岡鉄舟が大悟徹底したのが四十五歳とすると、それから亡くなるまで、たった六年くらいですね。あれほど苦労して、あとが六年では寂しいなと思っていましたが、それは間違いでした。鉄舟は寂しいなどと思っていなかった。

そこを「家山に帰り到って即便《すなわ》ち休す」といえるでしょう。「休す」ですが、休して休しない。歩き続ける。まだだ、まだまだと歩き続ける。しかしそれは重い足取りではない。こういうことだと思います。

異類中行とは

そしてもう一つ、ここで大切なのは、南泉和尚と趙州和尚の家風です。南趙州と言われますが、その家風は「異類中行」と言われています。類は人間、異類ですから人間以外のものの中に入っていく、その中で行動していくということ。まさに猫などは異類です。しかし、異類中行で猫を生かすことができず、殺してしまったのです。

地獄に落ちることなどは、とうの昔に覚悟していたはずです。しかし好んで殺生するわけではありません。けれど何かがあれば、何を言われても構わない。そういう意志の決断はあるはずです。

「南泉、遷化して何のところにか去《ゆ》く」という公案もありますね。猫を殺した咎で地獄に落ちているか、となりますが、南泉はお世話になった檀家の家に牛となって生まれ変わり、恩返ししたい、そんな言葉もあったと思います。

ここでは猫を殺したということへの思い、自覚、感受性が大事ですね。南泉和尚という方は、馬祖の弟子です。三人優秀な弟子がいて、智蔵と百丈と南泉。お経は智蔵だ、禅は百丈に任せておけ。南泉は物の外に超え出ていて、つかみようのない男だ。何をしでかすかわからない男だと言われていたようです。猫が殺される時に、ぎゃぁーっ!、という。それは私たちのいのちの声、いのちの雄叫びだと思います。その痛みです。

向上の人の事――第六五則「外道問仏有無」

【垂示】垂示に云く、無相にして形《あらわ》れ、十虚に充ちて方広たり。無心にして応じ、刹海《せっかい》に遍《あまね》くして煩《わずらわ》しからず。挙一明三《こいちみょうさん》、目機銖両《もっきしゅりょう》。直得《たとい》、棒は雨の如く点《ふ》り、喝は雷の似《ごと》く奔《はし》るも、也《ま》た未だ向上の人の行履《あんり》に当得せざる在《なり》。且道《さて》、作麼生《いかなる》か是れ向上の人の事。試みに挙《こ》し看ん。

【本則】挙《こ》す。外道《げどう》、仏に問う、「有言《うごん》を問わず、無言を問わず」。世尊良久《せそんちんもく》す。外道讃歎して云く、「世尊の大慈大悲、我が迷雲を開いて、我をして得入せしむ」。外道去りし後、阿難《あなん》、仏に問う、「外道は何の所証《さとり》有りてか、得入すと言える」。仏云く、「世の良馬の、鞭影を見て行くが如し」。

【頌】機輪曾て未だ転ぜず、転ずれば必ず両頭《ふたとおり》に走らん。明鏡忽《わずか》に台に臨むや、当下《ただち》に妍醜《けんしゅう》を分つ。妍醜分れて迷雲開く、慈門何処《いずこ》にか塵埃を生ぜん。因って思う、良馬の鞭影を窺い、千里の追風《ついふう》喚び得て回《かえ》ることを。喚び得て回《かえ》らば、指を鳴らすこと三下《みたび》す。

「向上の人の事」

圜悟禅師の垂示からまいりましょう。

「垂示に云く、無相にして形《あらわ》れ」、主語を何にしたらよいでしょうか。とりあえず、山岡鉄舟居士に導かれ、心としてみましょう。

「無刀とは心の外に刀なし」。心というものは、形がない、無相なのだ。それでは、ないのかというと、あるという。無相だからこそ、十方へ通貫している。「十虚に充ちて方広たり」。あるのだ、無相で目に見えないが、ないのではない。大ありだ。

そこを「十虚に充ちて方広たり」、つまり十方の虚空に満ち充ちて方等広大なり、と言っているのです。では、「方広たり」というのはなんでしょう。その心すら無相にして、何もないところから、すうっと出てくるのだ。その場その場の状況に応じ、おのずと働いて出てくる。

そこが「無心にして応じ」。これは「妙応無方」と臨済録にあるところでしょう。「利海《せっかい》に遍《あまね》くして煩《わずらわ》しからず」。三千刹海、この世の大海原のどこにでもあり、それでいて無相ですから、臨済録の序にある「不留朕跡」と同じことを言っているのだと思います。

そういう心を一人一人が持ち、「挙一明三《こいちみょうさん》」、近くの一隅《ひとすみ》を上げれば、残りの三隅をはっきりと捉えられる。「目機銖両《もっきしゅりょう》」、目をちらと投げかけただけで、一銖二両というわずかな重さをも、見て取ることができる。

「直得《たとい》、棒は雨の如く点《ふ》り」、棒をもたせたら徳山のように雨のように振らせることができ、「喝は雷の似《ごと》く奔《はし》るも」、喝すれば臨済の如くほとばしらせることができても、まだ禅の方では、「也《ま》た未だ向上の人の行履《あんり》に当得せざる在《なり》」。向上の人の境涯とは言わせないぞ。そのことくらいで向上とは言わせんぞ、と。

この向上のところに、他の世界にはない何かがあると思います。武道の世界にないもの、芸術の世界にないものが、この向上のところにあると思うのです。

「且道《さて》、作麼生《いかなる》か是れ向上の人の事」。ならば、その向上の人の事とはいったい何か。「試みに挙《こ》し看ん」。それについてやってみよう。

「平常心是道」

本則に入ります。「挙《こ》す。外道《げどう》、仏に問う」、外道が仏に問うてきた。「有言《うごん》を問わず、無言を問わず」。私はこの外道は、切羽詰まって世尊のところへやってきたと思えてなりません。問答するためにではなく、もう何が何だかわからなくなってしまった。それで藁にもすがるつもりでやってきて、こういう問いを立てたと思えてなりません。

ところが、そういう切実な問いを持って訪ねたにもかかわらず、世尊は一言も与えなかった。「世尊良久《せそんちんもく》す」。口は真一文字に閉ざして、何一つ言わなかった。「有言《うごん》を問わず、無言を問わず」と言っているので、どうしても私たちの関心は、口の方へ行ってしまいます。ところが口だけではない。身・口・意といいますから、ほかにまだあります。世尊は沈黙されたけれども、対機説法の名手です。外道の迷いの沙汰は見抜いているはずです。

そこで何もおっしゃらなかったが、意外にも「外道讃歎して云く、世尊の大慈大悲、我が迷雲を開いて、我をして得入せしむ」。こんなことを言ったというのです。世尊の大きな大きな慈悲が、私の迷いの苦悩を開いて、我をして空なる世界へ入ることを得さしめたと。こう言って、外道は去っていった。

最後のところ、今ほど私は「空」といいましたが、空ではないですね。向上の世界だから、何といったらいいでしょう。向上の世界へ得入せしめた、といったら言い過ぎでしょうか。そこが一つの問題ですね。

「我をして得入せしむ」。どこへでしょうか。「我が迷雲を開いて」、迷いの雲は取っ払われました。そうしたら、どんな世界へ入ったというのでしょう。それが、「平常心是道」という、当たり前の世界ですね。これは空の世界とは違いますね。

「外道去りし後、阿難《あなん》、仏に問う」、外道が去った後で、阿難尊者が仏に問います。「外道は何の所証《さとり》有りてか、得入すと言える」。いったいどんなことを悟って、「得入す」などと大きなことを言って帰っていったのですか。

そうすると「仏云く、「世の良馬の、鞭影を見て行くが如し」。世間の優れた馬が、鞭が振り上げられたのを見ただけで乗り手の意を体し、その方向に走り出すのと同じように、そのように帰って行ったのだ、と。

それでは、頌はどのように訳したらいいでしょうか。これは、向上の厳しい世界を謳ったと思います。

「機輪曾て未だ転ぜず」。これは外道の境涯を言っているのでしょう。まだ霊妙な働き、霊機が働き出さない。内に秘められている。本来底の霊氣が、まだ本来底にとどまって働き出さない時です。

その霊氣というのは、働き出せば必ず、分別の世界ではっきりした形で働き出すのだ。これが「転ずれば必ず両頭《ふたとおり》に走らん」だと思います。ですから、二通りになることを恐れてはいけないんですね。霊氣が働き出すから、世の中の力になって働いていけるのだと。「明鏡忽《わずか》に台に臨むや」。「機輪曾て未だ転ぜず」の本来底ですね。塵一つない本来底が、いよいよ鏡台に据えられた。いよいよこれから働き出すというのです。鏡台にたてかけられ、前にくるものをありのままに映すのです。「当下《ただち》に妍醜《けんしゅう》を分つ」。即刻その場に来たものを、ありのままに映し出す。美しいものは美しいように、醜いものは醜いように。ここでは美しいのがよく、醜いのが悪いというのではありません。ありのままに映し出す。「妍醜分れて迷雲開く」。ところがこの外道、美しいもの醜いものがそのまま鏡に映された姿を見て、どういうことか迷いの雲が開けた。これはどういうことでしょう。これが真実の持つ強さだと思います。良くも悪くも真実というのは、「真実不虚」（般若心経）、真実はむなしからずであります。

「慈門何処《いずこ》にか塵埃を生ぜん」。大悲の大きな門は、いったいどこに塵やほこりをつけようか。これはえこひいきなしで、ありのままに映し出す。お前は醜いから埃をつけて映す、などというのではないのです。その物自体を映し出す。ここが平常心と思えてなりません。ありのままに映す。

「因って思う、良馬の鞭影を窺い、千里の追風《ついふう》喚び得て回《かえ》ることを」。そういうわけで、駿馬、すぐれた外道が鞭の影を見ただけで、鞭が振り上げられたという感触を得ただけで、動き出した。まさに、千里の追風、これは名馬だそうですが、自己の本来の自性、千里の追風とまごうべき、自己本来の自性を呼び覚まし得て、自覚できて帰っていったのだ。こういうことですね。自覚できたのだ、ということでしょう。

「喚び得て回《かえ》らば」、ただし、大声で呼びかけて帰ってくるようならば、「指を鳴らすこと三下《みたび》す」、わしは許さん、というのですね。まだ余計なものが残っているから、と。

平常底と向上底

しかし、これは怖いことが書いてあると思うのですよ。「喚び得て回《かえ》らば」ということですが、全体作用という言葉がありますね。全部出し切っている。だから、無功徳で構わない。全体作用を行じて、全て出し切っているところで、十分に満足しているのです。だから、呼ばれて帰るようなものは、全体作用していないということなのでしょう。

このあたりは難しいのですが、自分は満足できているのだから、これでいいのだとして去っていくでしょう。けれども、残された者はもっと聞きたいことがあるのではないでしょうか。全体作用したからいいのだ、というのは、あなたはそれでよいかもしれないが、一つのエゴではないかと言いたくもなりますね。

だから、呼ばれたらもう一度帰ってきて、凡夫の分からず屋の愚痴を少しは聞いていただけないかと思うのです。どうしてそうなのか。そうすることで、仏法は広まっていくのではありませんか、と言いたくなります。

だから「指を鳴らすこと三下《みたび》す」、帰ってきたら、まだ何か余計なものを背負っているとみて、お前を軽蔑するぞ、という雪竇の最後の言葉は、今はあまりよく取れませんね。全体作用して、そこで、その場その時に充分報われて、もう呼ばれても帰らないで行ってしまうというのは、神のごとき技だと思います。

確かにそういうところはあるのでしょうけれど、残されたものにとっては、和光同塵という言葉がありますが、光をやわらげて塵と同じくなるように、いろいろ聞かせてもらえないかと。あなたに迷いはなかろうが、迷いがこちらには残っているので、少しは相談に乗ってくれないか、と言いたくもなります。そういうことがあるのではないでしょうか。

そういうのもやはり、ここ龍門寺に来まして、この現場を見てわかったことがあるのです。通常、僧堂は、余計なことは言うなと言われるのです。ところが、龍門寺では、必要なこと、大事なことは言えという。言わなければわからないから、言いなさいと。

僧堂の場合は、例えば陰徳を積むということがありますね。陰徳なんて人に知らせるものではないですね。わかろうがわかるまいが、知らせないから、陰徳なのですから。人に言うべきことではない。

ところが、龍門寺では、そんなものは大した陰徳ではないではないか、ということなのですね。なんだ、隠して取っておくような陰徳を積んでいるのか、雲水ならざらにやっているることだろう、と。陰徳ではなく、平常底のこととするのですね。だからかえって、言葉に出すことで平常底にせよ、というのです。

面白いですね。その方が、対社会的には合っているかもしれません。いつまで陰徳を積んでいるのか。内面に抱えずに口に出し、当たり前の事に返して生きる。これが向上底なのです。けれどもそれは、全体作用してせっせと働いた上でのことですね。だから仏以上なのですよ。仏と同じことをしたけれども、ある意味で、それが当たり前、と処置できるところが、向上底という世界だと思います。

一方で、武帝という人は、色々と当たり前ではないことをやったのですよね。たくさんの写経をし、坊さんを出家させた。昔は出家すると税金を払わなくて良かったそうです。

そういう特別なことをやったけれども、「どんな功徳があるか」と聞いてしまうと、だめになってしまうのです。「そういうことをやっただけで、おれは満足だ、それでいいのだ」と武帝が思ってこそ、そこに何かがあるのでしょう。それを平常底へ持っていけなかったわけです。武帝は、おれは賢明な君主だ、と思ってしまった。それで、そんなことに達磨は見向きもせず、すたすたと行ってしまった、ということになるのですね。

このあたりのことは難しいところもあります。私も当初はわからなくて、わかってからも、しばらく何も言えませんでした。けれど、口に出すことによって平常底にしていく。それが向上底という世界につながっていく。そうでないと、それは大したことになるのです。口に出して平常底にかえし、無一物になって生きていく、というところにポイントを定める。そういったところにも、向上底という世界があるのではないでしょうか。

巌頭、呵呵大笑す――第六六則「巌頭什麼処来」

【垂示】垂示に云く、当機覿面《てきめん》、陥虎《かんこ》の機を提《ひっさ》げ、正按傍提、檎賊《きんぞく》の略《はかりごと》を布《し》く。明に合し暗に合し、双に放ち双に収め、解《よ》く死蛇を弄するは、佗《か》の作者《てだれ》に還《かえ》す。

【本則】挙す。巌頭《がんとう》、僧に問う、「什麼処《いずこ》よりか来たる」。僧云く、「西京より来たる」。頭云く、「黄巣《こうそう》過ぎし後、還《ま》た剣を収得せしや」。僧云く、「収得せり」。巌頭、頸を引《のば》し近前《ちかづ》きて云く、「囫」。僧云く、「師の頭落ちたり」。巌頭、呵呵《かか》大笑す。僧、後に雪峰に至る。峰問う、「什麼処《いずこ》よりか来たる」。僧云く、「巌頭より来たる」。峰云く、「何の言句か有りし」。僧、前話を挙す。雪峰、打つこと三十棒して趕《お》い出す。

【頌】黄巣過ぎし後、曾て剣を収む、大笑いするは還って応《まさ》に作者のみ知るべし。三十の山藤且《しばら》く軽恕《ゆる》す。便宜を得るは是れ便宜に落つるなり。

「厳頭、呵呵大笑す」

「垂示に云く、当機覿面《てきめん》、陥虎《かんこ》の機を提《ひっさ》げ」。これは禅宗衲僧の看板であります。まっすぐに行け、というところです。真正面から向かっていく。それでいて、虎をもさばくような心の凄まじい働きを込めている。そうかと思うと、「正按傍提、擒賊《きんぞく》の略《はかりごと》を布《し》く」。ある時は「正按傍提」、一方においては真正面からぶつかっていく働きを持ち、同時に「傍提」、傍らには、強いだけが男じゃないというように手立てを持っているというのです。あらゆる方便を巡らして、「擒賊《きんぞく》の略《はかりごと》を布《し》く」と言っていますね。

「正按傍提」ですから、剛と柔、どちらも携えていることになりますね。最初は真正面から行きもするし、その場に応じて横から方便も巡らす。正面と傍、前者が一つの根本的な生き方だとすると、それだけでなく、それを補うあらゆる手立てを用意している。よくよく思い定めて、賊、つまり一筋縄ではいかない相手をも虜にしてしまう方便を巡らしていく、ということですね。

「明に合し暗に合し」、相手が差別で出てきたら差別でお相手し、平等で出てきたら、平等の立場に立ってお相手する。これは宝鏡三昧の境地ですね。「双に放ち双に収め」、平等差別、一枚になって出てきたら、こちらも平等差別一つになって、ある時は相手を自由に振る舞わせ、ある時は相手をがんじがらめに虜にしてしまう。

「解《よ》く死蛇を弄するは、佗《か》の作者《てだれ》に還《かえ》す」。死んだヘビですから、どうしようもない修行者を自由自在に扱うのは、ここに登場する厳頭和尚のやり方にお任せしておこう、というわけでしょうか。


本則です。「挙す。厳頭《がんとう》、僧に問う」、あるお坊さんが厳頭和尚を訪ねてきた。修行僧でしょう。「什麼処《いずこ》よりか来たる。僧云く、西京より来たる。頭云く、黄巣《こうそう》過ぎし後、還《ま》た剣を収得せしや」。西京には黄巣が出て謀反を起こしたが、その事件も解決した。黄巣がその地で、天から降ってきた名剣を得たということが端緒だったと聞くが、おまえさん、そこを通った時に再び名剣は降ってこなかったか。「僧云く、収得せり」。降ってきました。手にとってまいりました。

「厳頭、頸を引《のば》し近前《ちかづ》きて云く」。その答えを聞くと、厳頭は何を思ったか、首を伸ばして修行僧に近づき、「囫」と一声放った。「僧云く、師の頭落ちたり」。お師匠様の首が落ちましたよ。私が拾ってきた剣で、和尚さんの首を切り落としました。「巌頭、呵呵《かか》大笑す」。巌頭は大笑いをしたというのです。

これはいったい、どういうことなのか。この大笑いはどういうことなのでしょう。この僧を肯定したようには見えません。僧はどう取ったかわかりませんが、次に雪峰の道場へ行ったのです。

「僧、後に雪峰に至る。峰問う、「什麼処《いずこ》よりか来たる」。雪峰は僧に、どこから来たのかと尋ねます。「僧云く、巌頭より来たる」。巌頭のところから参りました。「峰云く、何の言句か有りし」。巌頭はおまえさんに何という言葉をかけたか。「僧、前話を挙す」。僧は前の話を申し上げた。すると雪峰は、「打つこと三十棒して趕《お》い出す」。雪峰は名うての大宗匠です。三十棒をくらわし追い出した、大いに否定したのですね。

これはどういうことか、後世の雪竇が頌に謳います。

「黄巣過ぎし後、曾て剣を収む」。黄巣の事件が過ぎた後で、その地でまた剣を拾ってやってきた男がいた。「大笑いするは還って応《まさ》に作者のみ知るべし」。そのことを巌頭和尚に報告すると、和尚は何を思ったか、大笑いされた。まさに巌頭和尚だけが、大笑いの出どころ、その心を知っているだろう。「三十の山藤且《しば》らく軽恕《ゆる》す」。今、わしは君に三十棒を食らわすところだが、それはしばらく先のことにしよう。「便宜を得るは是れ便宜に落つるなり」。先に延ばすのは、それはそれでいいが、それでおまえさんが済ましてしまったら、おまえさん自身を台無しにするぞ。伸びないぞ。修行の道を誤らせることになるぞ。

正念決定と正念相続

結局どういうことでしょうか。垂示にありましたね、「正按傍提、檎賊《きんぞく》の略《はかりごと》を布《し》く。明に合し暗に合し、双に放ち双に収め」、方便ですね。方便の限りをつくす。

鉄舟居士の逸話で言えば、ある時、大居士と言われた人が訪ねてきて、鉄舟翁の臨済録の提唱が聞きたいと頼んだ。すると鉄舟は、臨済録の提唱なら、円覚寺の老師が定期的にやっているから、そこへ行くがよかろうという。しかし、ぜひともあなたの提唱が聞きたいのだ、と大居士が言うのです。すると鉄舟翁は道場へ案内し、弟子を相手に稽古をつける。そして一汗かいて戻ってきて、大居士に「どうでしたか」と聞く。すると、大居士は何のことかわからないので、面食らったという話です。

そういうことだと思うんですね。どうして大居士ともあろうものが、明治時代の大居士さんが、鉄舟の提唱を聞けなかったか。それは、やはり、提唱という形にとらわれていたからだと思います。この「とらわれ」が、私たちの修行を妨げ、遅らせ、時間をかけさせる最も大きな問題ではないかと思います。

我々は誰でもとらわれを持っていますね。本当に、この大居士の氣持ちもわかるわけですが、そういうとらわれがある限り、仏法はわからないと言えると思います。だから、一番の近道は、とらわれをなくすこと。なくせばいいのですね。

この場合も、鉄舟翁が弟子相手に稽古するのではなく、居士さんを相手に稽古すれば、もしかしたら、違った答えが出たかもしれない。稽古をつけることで、居士のとらわれを奪い、真っ裸、無一物にしたならば、その無一物のところに何かがすうっと入っていったかもしれないですね。けれど、この場合はきっと、どこかに座らせて稽古を見せただけだと思いますが、居士さんの境涯は進まなかった。こう言えるのではないかと思ってしまうのですね。

いまは第六六則ですが、前の第六〇則に雲門禅師の公案があります。仏法において非常に大事なことを語り明かしてくれています。それは、「殺人刀・活人剣」というところです。そこであることを言ってくださっています。私たちが心得なくてはいけないことです。

言葉で言うと、垂示にある「放過《みのが》せば即ち不可」。「放過」ですから、放って過ごす。放っておくとだめだぞ、と言っているわけです。

何がだめか。それが垂示に書いてあると思います。「諸仏と衆生と、本来異なること無し」。こう言っておられますね。諸仏と衆生を二字であらわすと、何になりますか。「生仏」ですね。衆生を先に出して、衆生の生と諸仏の仏。その二つは本来違ったものではないというのです。それを我々がなぜ、納得できるのでしょうか。

日本で生まれて、ここまで生きてきますと、目に入ってきますね。例えば、白隠禅師は坐禅和讃で、「衆生本来仏なり」と言っています。本来は我々も仏なのだと、耳にタコができるくらい聞きますし、坐禅会などでは自ら読みますから、わけがわからないながらも、そこは知っている。「諸仏と衆生と、本来異なること無し」。現実はいざ知らず、本来は同じなのだと取れれば、不思議もなく、すうっと入ってしまう。

しかし、問題はここです。わからないながらも、全然問題を感じないで受け入れてしまうということが曲者です。汗をかかずにいる。自ら汗を流さないと、そのものの本当の値打ちはわからないですね。

ところが、雲門禅師は第六〇則で、その次に「山河と自己と、寧《なん》ぞ等差《ちがい》あらんや」と言っています。これで禅的になってくるのです。山や川と自分と、違いはないはずだ。本来異なることなしだ。確かにそうなのですね。ここに私は禅の真面目があると思います。ここに自己が出てくるのです。己事究明と言いますね。ここが禅のありがたいところだと思います。

諸仏と衆生と本来異なることなし、というのは、仏法ならどこでも言っていることです。しかしそこに、我が身を参加させるところに、禅のよき面が出ていると思うのです。この、自分と山や川が同じだとは、どういうことかと参究しなくてはいけない。ここにまた面白さがあります。

ところが、本来はそうであるはずなのに、「為什麽《なにゆえ》にか却って渾《すべ》て両辺と成り去る」。どうして、どんな理由で、山は山、川は川、我は我になってしまうのか。これが我々の現実世界ですね。山、川と自己は、一つには見えませんね。

次に、「若《も》し能《よ》く話頭を撥転し」。話頭は問答、公案です。この公案を転がす、ああでもないこうでもないとひねり回していく。表からも裏からも、横からも斜めからも話頭を見尽くす。そうして「要津を坐断するも」、大事な港の勘所にどんと坐れば、居ながらに坐りこめば、尻に敷けば、肝心要の場所を押さえてそこに坐れば、ということですね。

坐るということは、一番いいみたいですね。四本足の動物が立ち上がり、二本足になった。そこに、人類の万物の長たる所以を見る人が多いですね。私も本当にそうだと思います。ところが、今現にどうなっているか。どんな時代になっているか。どう見てもおかしな時代になっていますね。どうしてそうなってしまったか。そうなるものがあるのだと思うのです。直立すると高すぎると思うのです。だから坐り込む。ちょっとあまりにも高いところに目が届いて、頭でっかちになってしまった。そこで、身体を大地に近づけるには、坐るのが一番です。

体を悪くして、目も見えにくくなって、隣人に読んでもらって、これはこれでありがたいですが、やはりわかりが悪いですね。また、坐って聴くのと、横になって聴くのでは入り方が違いますね。これは実感しました。やはり坐ることは大事なのだと。坐るということが一番いいように思います。そうすると、頭でっかちも治って、バランスが取れるのではないかと思うのです。大地に体をしっかりと着けるよさを感じるのです。

「要津を坐断するも」、要津をしっかりと尻に押さえて坐れたとしても、「放過《みのが》せば則ち不可」。これでいいと思ったらもうだめだ。だから白隠禅で言えば、「若し能く話頭を撥転し、要津を坐断する」というのは、正念決定だと思います。正念決定は坐っているからできる。ところがそこで安心して放過すればだめだと。これは白隠禅で言えば、なんですか。正念決定したら何が出てくるのですか。

次に要求されるのは、正受老人がやかましくいうのは、正念相続です。正念決定したら、今度は正念相続しなくてはいけない。放過してはいけないと言葉を極めて言っているのです。相続というのが大事です。だらっとしていたら、相続ではない。

大森曹玄老師の言葉で言えば、数珠の緒ではなく玉だと。一つ一つの玉になるのだ、どの玉も同じだと。切れてつながっている。一〇八あれば、一〇八の玉が平等だと。違うまで平等だ、と強く言えるような何かを相続しなくてはいけないと。それは目に見えないものだと。形あるものが一〇八あるとすると、同じように見えても、顕微鏡で見れば何かが違うでしょう。だから形ある限り、平等とは言えない。形のないものを見ることができ、自覚できて初めて、同じだと言えるのです。

その一つ一つの玉、数珠の玉は、私たちで言えばなんでしょう。玉の一つ一つは、赤肉団でしょう。そこに見えない何かを見る。見えない何かとは、臨済の言葉で言えば、一無位の真人です。赤肉団が仏ではない。祖師でもない。赤肉団を仏と思うな。しかし赤肉団のあるところに、一無位の真人は宿るのだ。

赤肉団というのは、切れば赤い血が出るもの。それが生きている証拠です。ですから、生きている限り、仏そのものとは言えないけれども、一無位の真人がそこに宿るのだと。赤肉団が呼び寄せるのでしょうね、不二です、一つとなる。一無位の真人は目に見えない。見えないからいいのです。

そこをいう言葉を臨済録から取ると、「心法形無くして」。無形、形なし。形がなければ、ないのかというと、そうではない。「十方に通貫す」。形がないからこそ、十方世界へ貫き通っている。形があれば形にとどまってしまうが、形がないからこそ、十方に通貫してある。だから、一無位の真人こそが仏の元としてあるのだと思うのです。

臨済がよく言いますね。「わしの眼の前で、説法を聞いている皆さんこそが、それだ」と言ってくれています。けれど、形ある自分と思い込むと違うのです。皆さんではあるが、それには、そこに宿っている一無位の真人が自覚できて初めて、そう言えるのだというのです。自覚というのが大事ですね。まさに己事究明、大事を見極める、これだったのかと氣づく。

不謗三宝戒とは

そこで一つお話したいのですが、十重禁戒というものがあります。それが守れれば残りの九つは守れる、というくらい大事なものが、最後の一〇番目だといいます。どういうものかというと、「自性霊妙、一切法中において生仏の二見を生ぜざるを名づけて不謗三宝戒となす」。自性霊妙、衆生と仏を分けない、二見を生ぜず、分別しない、そのままという感じですね。それを、不謗三宝戒といいます。不謗というのは、そしらない、悪口を言わないということ。三宝は仏・法・僧。仏法僧を謗らない戒なのだと。なぜそれが三宝を謗らない戒になるのでしょう。生仏を衆生と諸仏に分けないことがどうして、不謗三宝戒になるのでしょう。

その理由は、新体道創始者青木宏之さんがおっしゃっていたことが参考になります。「臨済禅には、坐ることとともに、この世のあらゆる矛盾を、乗り越え、人々を本当に解放させるため、さまざまな公案が用意されている」(『自然なからだ、自由なこころ』春秋社)。公案は矛盾の塊だとズバリ言ってくれているのです。

ここが、大事なことだと思います。人生を現実を自在に生きられるようにと一則一則、次々と、矛盾だらけの公案が与えられる。なかなかわからない。難しい。大変だけれども、苦しみ抜いたとき、初めて解放されていくということだと思うのです。身にしみて解放の訪れを待つ。待つしかない。時節因縁です。自分から出られず、出る力も無くなってしまう。そうするとある意味、だんだん無一物になっていく。そういう時に雨だれの音が、それまでにない勢いを持って迫ってくる。

だから放過したらだめだ、ということになるのです。安心してはだめです。次々追い詰めることで、全体が開けてくると思うのですね。一則一則は矛盾に満ちている。それだけをやっていたら疲れてしまう。全体を見通すことで、一則一則の矛盾に満ちた公案が、本当の公案として働く。

一則一則の公案は機関の公案。それは現実の世の中の矛盾。しかし、ここに祖師方が来たら、どのような生き方をするだろうか。それは単なる機関ではない、そこに祖師方の理致の世界を呼び込んだら、いったいこの現実をどのように解決していけるだろうか。そのように考えていくと、面白くてたまらなくなる。こうなればしめたものです。なかなか難しいですが。全てがなくなって初めて無一物。だから、仏見・法見、そんなものもすべて取っ払わなくてはいけない。

そうすると、さっきの戒ですが、どうでしょう。「自性霊妙、一切法中において生仏の二見を生ぜず」。例えば山河。国破れて山河ありですね。山河などと聞くと、山と川と分けるし、それが自己とは思わない。別になっている。しかし、それが何かの理由で、一つになってしまう。それが本源というか、本来の世界だと思います。そのためには、大事な仏さんも、大事な法も、真理という考えも、やはり一度は無くならないと難しい。

なぜならば、素晴らしい宝を持っていれば、しがみついてしまい、無一物にならない。無一物になった時に、無一物のところから、物に応じて何か出てくるのです。宝鏡三昧の般若の知慧です。これは自分が出すのではない。自分を超えたものが出してくれる。そう捉えるのが真っ当だと思います。全てにそういうプロセスがあるのではないでしょうか。武道、芸術、宗教、みんな同じだと思うのです。

だから、そういうことを話したいという氣持ちになります。宗教だけでなく、みなさんが同じようにこの道を通っていくのだとなると、話し合ってみたい、意見も聞いてみたい。消息を確かめたい。

もう一つ、思うことがあります。禅で言えば理致、機関、向上と三つの公案になりますが、禅の禅たるところは、向上において発揮されると思うのです。俳句や武術のそれが、どこにあるのかはわかりませんが、禅の禅たる世界は向上にある。向上の世界をあきらめなければ、嘘だと思うのです。だからなんとか、みなさんと一緒に向上の世界をあきらめたい。

よく言われるのは、馬祖の言葉で、平常心の世界。なぜ平常心かというと、それは自分から出ていないからです。本来底というのはみんな持っていて、特別なものではない。だからいいのです。だから平常心なのです。みんなが持っていて、現にそいつは働いているわけです。そこを臨済は、聴法底と言っているのですね。

だから我々がまずしなくてはいけないのは、聴法底をしっかりと自覚するということに尽きます。おれではないのだ。でも、おれを離れてあるのでもないのだ。氣づいてみると、これは誰もが持っているものなのだ。だから平常心是道になっていくのだと思います。

こんなに嬉しいことはないですね。別にしっかり勉強に励んだわけでもないのに、自分に備わっている。こんなありがたいことはない。そこで初めて、不謗三宝。私は決して三宝を謗りません、三宝こそ宝ですという、どこから出てくるかわからない、と同時に、全身全霊を込めた私の思いが出てくる。これこそが宝です。

名づければ、不謗三宝。そういうところをもう少し、なんとか言葉で言い現わすことができないかと思います。不立文字の世界ではあるでしょうが、なんとか周辺のことでも言いたいと思うのです。

それは、ある意味では、臨済禅師がいう全体作用に尽きると思うのです。そこで全てを出し切るということ。ですから、それをわかってもらえても、もらえなくても、本人は出し切っているから大満足なんです。だからこそ達磨は、武帝に何も理解されなかったけれども、何一つ文句も言わず、時節因縁とばかりに去ってしまった。しかし武帝はどうか、逆ですね。たくさんいいことをしました、どんな利益や功徳があるかと聞いてしまった。達磨さんとは大違いです。

ところが私は、言い訳なしというのは、ちょっと寂しいのではないかと思い始めたのです。達磨さんはそれでいいかもしれないけれど、武帝はどうなるのかと。達磨は満足して、武帝との関係を切って去ったけれども、残された武帝はどうなるのか。そのあたりをなんとか言挙げできないかと思っているのです。

前則でもお釈迦さまは黙っていますが、黙っているだけに、言葉にまどわされずに外道は、お釈迦さまに真なるものが現れ出ているのを見ることができたのです。それを目の当たりに見た。だから大いに満足し、ありがたいお姿を拝見させていただきましたと、帰ることができた。ですから全ては繫がっている。そのあたりをみなさんと極めたいと思っています。

大士講経しおわんぬ——第六七則「梁武帝請講経」

【本則】挙《こ》す。梁の武帝、傅大士《ふだいし》を請じて『金剛経』を講ぜしむ。大士便ち座上に於て、案《つくえ》を揮《はら》うこと一下《ひとたび》して、便ち座を下る。武帝愕然《がくぜん》たり。誌公《しこう》問う、「陛下還《は》た会《え》すや」。帝云く、「会せず」。誌公云く、「大士講経し竟《おわ》んぬ」。

【頌】双林に此の身を寄せず、却って梁土に於て、埃塵《あいじん》を惹《ひ》く。当時、誌公老を得ずんば、也た是れ栖栖《あたふた》と国を去る人ならん。

「大士講経し竟んぬ」

「挙《こ》す。梁の武帝、傅大士《ふだいし》を請じて『金剛経』を講ぜしむ」。梁の武帝は、達磨との廓然無聖の問答で有名ですね。

同時代の人に、傅大士という素晴らしい居士さんがいて、金剛経を講じてくれと武帝が傅大士に頼んだ。そうしたら、「大士便ち座上に於て」、傅大士は講義台上において、「案《つくえ》を揮《はら》うこと一下《ひとたび》して、便ち座を下る」ということをやったのです。

机案といいますね。机をはらうとはどういうことでしょうか。辞書を引いたら、「揮」には、勢いよく動かすという意味があります。「便ち座を下る」。机を勢いよく動かして、すうっと講座台から降りてしまったということなのです。ここに何か意味があるのでしょうね。

それを見ていた武帝は、「愕然《がくぜん》たり」。愕然としてその場に居尽くした。何が何やらわからなくて、呆然として、驚いてそこに座り込んでいた。そこで誌公という人が出てきて、お聞きします。

「誌公《しこう》問う、陛下還《は》た会《え》すや」。何が何やらわからないといった感じの武帝を見て、尋ねるのです。お分かりになりましたか、と。「帝云く、会せず」。わからない。「誌公云く、大士講経し竟《おわ》んぬ」。傅大士の講義は終わりました、というのです。これはどのように見たらいいでしょうか。

「案《つくえ》を揮《はら》うこと一下《ひとたび》して、便ち座を下る」。何か、似たような話を聞いたことがありませんか。鈴木大拙先生の逸話にありますね、何も言わずに机をガタガタガタと揺すったということ。

この場面も、勢いよく動かすというのですから、机をガタガタガタと動かしたということですね。講座台に登って、見台を勢いよくガタガタガタと揺すってから、すうっと台から降りて帰ってしまった。武帝は相談役の誌公老に、いったいどういうことかと問いますと、老はわかってもわからなくても、とにかく大士の講義は終わりましたよ、というのです。

「金剛経を講ぜしむ」とあるので、金剛経を見てみたいと思います。現代語訳を読んでみますと、世尊が須菩提に問うわけです。須菩提というのは十大弟子の一人で解空第一といわれる人です。「須菩提よ、どう思うか。わたしが法を教示したというような考えが如来にあるだろうか」。如来は法を説くわけですが、その法を説いたというような考えが、如来にあるだろうか、というわけです。「須菩提は答えた。いいえ。そうではありません。わたしが法を教示したというような考えは、如来は持ちません」。

教えるけれども、教えたというような思いは残さないということなのです。「師は言った。須菩提よ、如来は法を教示したと説くものがあれば、彼は誤りを説くことになる」。須菩提の答えを肯定したわけです。「須菩提よ、彼は不実に執着して、わたしを誇るものである」。前則で出てきた十重禁戒の第一〇戒、不謗三宝戒の「謗る」ですね。仏を謗ることになる。なぜかというと「須菩提よ、法の教示というが、法の教示として得られるような法は、どこにも存在しないからである」。このように言われます。

「このように言われた時、須菩提長老は師に対してこのように問うた。師よ、これから先、後の世、第二の五百年代に、正法の破滅が起こる時、このような法を聞いて信ずる人々がありますでしょうか」。正法が破滅するような時に、いまのお話のようなことをうけたまわって、それを信じられる人がいるでしょうか。

「世尊は答えた。須菩提よ、彼らは衆生でもなければ、衆生でないものでもない。何となれば、須菩提よ、衆生というのは、すべて衆生ではない、と如来が説かれているから、それだから、衆生と言われるのである」。こういう、おかしなことを言っていますね。衆生は、衆生ではないと如来が説くから、衆生なのだと。わかったような、わからないような、金剛経の論理ですね。

しかし、この則にはピタリですね。本当の説法というものは、説いて、ああ、いい説法をしてくれた、というようなところにあるのでしょうか。逆に言いますと、大拙先生の場合はどうなのでしょう。常識的には説法などしていません。机をガタガタガタとしただけですから。けれど、わかる人には、さすが大拙先生、いい説法をしてくれた、となるわけです。一方で、どんなに素晴らしい説法をしても、果たしてそれが説法と言えるかどうかわからないということです。法を説けば説法だ、とは言えないぞ、ということではないですか。

どこに違いがあるかというと、我々の常識と、仏法との違いだと思います。常識から言えば、大拙のような行動を説法とは言えないわけですが、仏教の方から言えば、逆に大拙のやったことのほうが、いい説法である。どこに違いがあるか。やはり、浮かび上がってくるのは般若の大事。常識で見るのではなく、般若の眼《まなこ》で見なくてはならないのです。では般若の眼とは何か。空の眼ですね。空に開けた眼で見なくてはならない。ここに出てくる須菩提は、解空第一という、空に関してはこの人、という人物。その人を相手にとって、お釈迦さまは語っているわけです。

頌に行きます。「双林に此の身を寄せず、却って梁土に於て、埃塵《あいじん》を惹《ひ》く」。傅大士がどう呼ばれていたかというと、双林樹下当来解脱善慧大士と言われていたらしいのです。それで、松山という双林のうちにじっと住まいしておられなかった。山から下りて、街中へ出てきた。時の権力者、武帝の請いに応じて、のこのこ出てきたというのです。そして「却って梁土に於て、埃塵《あいじん》を惹《ひ》く」。梁の国へ出てきて、塵埃を上げてしまった。つまり問題を起こしてしまった、葛藤を起こしてしまった。

「当時、誌公老を得ずんば」、当時、もし誌公がいなければ、「也た是れ栖栖《あたふた》と国を去る人ならん」。達磨と同じように、あたふたと国を出て行く人になったであろうと言っています。このあたりはどうでしょうか。「栖栖」に「あたふた」と読みを振ってあります。「栖」は、閑静、静かに住んでいる、静かに暮らしているという感じですが、漢字そのものは「忙」に変えても同じだそうです。だからあたふた、忙しげに、いつまでも留まっておられないとばかりに、と言うニュアンスでしょう。達磨はじっくりと武帝と話もせず、そのままさっと少林寺へと去ってしまったわけですね。

傅大士について

ただこれだけのことですが、ここに大事なことが出ていると思うのです。

傅大士というと、どんなことを知っていますか。忘れられない言葉があります。よくわけがわからないから忘れられないということもありますが、「人橋上より過ぐれば、橋は流れて水は流れず」。傅大師の言葉ですね。橋は流れて水は流れず、「空手にして鋤頭を把り歩行して水牛に騎る」。こういう有名な詩を作った方です。

以下は、無文老大師のお言葉ですが、「この傅大士は善慧大士とも言われる。傅は苗字で名は翕《きゅう》。結婚して普建、普成という二人の子供を持った。二四歳の時、村の人と一緒に出て、魚釣りをしていたが、捕った魚を籠の中に入れて水の中に沈め、逃げたいものは逃げろ、居りたいものはおれ、と言ったという」。こういう変わり者だったのです。

そして、「皆がこいつはばかではないかと疑ったというのである。そうしておるうちに、インドのお坊さんの嵩頭陀がそこを通りかかった」。それで傅翕を見ると、なんだ、おまえはこんなところにいたのか、と言い出すのですね。「我、汝と毘婆尸仏《びばしぶつ》のところにて、誓いを起こした」と。過去仏である毘婆尸仏のもとにいたとき、互いに誓いあった仲だぞ。その証拠に、いまでも兜率天におまえの衣と持鉢が現にあるぞ。いつ帰るのか、と訊かれるのです。

「おまえはむかし、おれと一緒に毘婆尸仏のところで修行した男ではないか。いま兜率天におまえの袈裟や鉄鉢がまだおいてある。なぜこんなところでうろうろしておるのか」。傅翕が返事に窮していると、嵩頭陀は一遍、川を覗いてみよと言われる。傅翕が川を覗いて自分の姿を映してみると、あたまの上に円光があったので、はじめて自分がこともあろうに弥勒の化身であると自覚した。そこで嵩頭陀が松山という山を指さして、「ここに住むべし」、おまえの暮らすところはあそこにあると。それをきいて松山に入られた。

「二本の木の枝を交えておる下に庵をこしらえて、そこで百姓をしておったということである。双林樹下当来解脱善慧大士と言われるのはそのためだ。学問もせず、修行もせんのに、仏法がよくわかって法を説かれた。まさに弥勒菩薩の化身であった。百姓をしておるときに、村の者が来て畑の瓜やかぼちゃを盗んだ。すると咎めずに、籠を持ってきて、この中に入れて帰れと言われて、籠を与えた人である」。こんな人だったというのです。学問はしなかったけれども、仏法はよくわかった。

お寺には経蔵と言いまして、いろんなお経を収蔵している蔵がありますが、そこの番をしている方が、この善慧大士だといわれています。そのお姿を見ると、頭には道教の冠を被り、足には儒教の靴を履き、体には仏教の袈裟をつけておられたという。それはいったいどういうことか。

「儒教も仏教も道教も、体得してみれば同じことである、ということだ。道教の冠を被るということは、頭を空にせよということである」と、無文老大師は言われます。道教は無を説きますね。「体に袈裟をつけるということは、仏教こそ真理の本体だということだ。足に儒教の靴を履くということは、道徳は足で実践するものということでもあろう」。このように受け取っておられます。

妙心寺にも経蔵があって、一切蔵経を箱に入れて、その箱を台に乗せて、その台が回転するようになっていますが、「このような転輪蔵を発明したのが傅大士だといわれておる。台の上にお経を積み上げ、その下が回転するようになっている。一周りさせると、大蔵経を全部読んだだけの功徳があるというのである。妙心寺の輪蔵の前には、頭に道教の冠を被り、体に仏教の袈裟をつけ、足下に儒教の靴を置いた傅大士の木像がお祀りしてある。その両脇に二人の子供の像を立たせてある。こういう変わった人が傅大士である」。

こういうわけです。「また『心王銘』という有名な著を残しておられる。この嵩頭陀というのは達磨であるといわれるが、傅大士はほとんど時代の違う人で、達磨と会われたとは思われないが、坐禅をしたという形跡もないのに、立派に禅をうたっておられる。是心是仏、是仏是心という言葉をすでに、『心王銘』はうたっておる。そういう変わった経歴の人が、傅大士という人である。こういう人が武帝の時代におられた。あるとき、梁の武帝が誌公に向かって、金剛経の提唱をしてもらいたいと頼むと、誌公は傅大士の方が適任者ですと、傅大士にもっていった。誌公から勧められて、傅大士のほうはすぐさま受けて、傅大士が講座に登って机をガタガタと動かして、何も言わずに下に降りてしまった」と。無文老大師も机をガタガタと震わすと訳していますね。

これはいろいろと解釈できるところですから、「ある本には持っておった竹篦で机をゴツンと叩いて高座を降りたと書かれてある。ともかく、梁の武帝が驚いた。武帝は仏教の学問が好きだから、金剛経の一字一句について詳しく話してくれるかと思ったら、机を動かして黙って降りてしまった。武帝はキョトンとしてそこに座っておる。すると横におった誌公が云々」と書いております。

「陛下還《は》た会《え》すや。傅大士が金剛経の提唱をしたのがおわかりですか。帝云く、会せず。何のことやら分からぬ。すると、誌公云く、大士講経し竟んぬ。これで金剛経の提唱は済みました。今日の講義はこれで終わりです。どうぞ皆さんお帰りなさいと、閉会の挨拶をした。こういう出来事があったのである。いったい傅大士は何の提唱をしたのか。誌公はどこをみて、講経し竟んぬといったのか。武帝が愕然として驚いておるのが本当ではないか。そういう公案を雪竇がここに持ち出して、圜悟禅師が下語を付しておられるのである」。

長い引用になりましたが、無文老大師はこのようにお書きになっておられます。

目に見えないものを見る

金剛経には、それぞれ題がついていますね。この題は武帝の息子の皇太子がつけたと言われています。必ずしも評判が良くはないのですが、息子さんがここまでやっている。だから武帝がいかに金剛経を大事にしたかがわかります。

その金剛経の第一八に「一体同観分」という章があります。これは三昧になるということです。相手と一つになって到達していく。一体同観ですから、銀山鉄壁に出会って、今度は自分が鉄壁銀山になってしまうのです。そしてやはり解くに解けないというところは同じだ、というような話を前にしたのですが、まずは一体同観になるわけですね。これが大事です。これなくしては、禅の話にはなりません。

また第二六章に「法身非相分」があります。法身は相ではない。私たちの体は色身です。それが一転して法身に変わることが、空に開けるということ。空が開けたところにある法身というのは、「相に非ず」ですから、色身ではないということになります。では、そのままで法身なのではないか。言葉の上ではそうですが、そこにいったい何があるか、ですね。

やはり、目に見えないものが見えるようになったかどうかが大事だと思います。それがないと、色身即法身といわれても、単なる理屈になってしまう。形でないものが見える、それは何かというと、私たちの色身——臨済禅師の言葉でいえば赤肉団——に、切れば血の出るこの我が身に、姿かたちのないものを自覚できるかどうか。姿かたちのないもの、非相というところ、それが一無位の真人なのです。何としても、一無位の真人を掴み取ってほしいのです。

心法は無形、というのが臨済です。心法、心というものは形がない。形がないから、無いのかといったら、そうではない。無いからこそ、十方に貫き通っている。思いもしないことを言うのです。形があると、そうはいかないのですね。

これは一方では、六祖慧能の無一物に通じます。無一物だからこそ、十方に通貫している。相を何か一つでも留めていると、それがどんなにいい相でもだめだというのです。本当に悪いものはもちろん、いいものですら無いとなって初めて、そこに法身の世界が開けるのだ、十方に通貫する世界が開ける、ということですね。

それは無一物という自覚と同時に成り立つと思います。同時成道です。色身がしっかりと法身を自覚できた時、色即是空という世界が一挙に開けるのだと思います。

何としても私たちは、姿かたちのないものを、見えるようにならなくてはならない。そこで、昔の人は見性を大事にしたのだと思います。見性の性は、本性ですから、形があるわけではないのです。形のない本性を、形のあるところに見てとれるかどうかが、大事だと思います。自覚が大事だということです。

「法身無相」という言葉があります。法身には姿かたちがない、そこが原点になるのだと思うのです。そこから自ずと湧く心を、般若の智慧というのです。常識でなく、般若の眼《まなこ》で見よというのは、目に見えないものが見えるようになったという一事がなくてはならないのです。目に見えないものを見るというのですから、いったい誰が証明してくれるのか、それは自分しかない。だから自覚することが何より大事だとなるのです。

千古悲風を動かすのみ――第六八則「仰山問三聖」

【垂示】垂示に云く、天関を掀《おしあ》げ地軸を翻《ひるがえ》し、虎兕《こじ》を擒《とら》え龍蛇《りょうだ》を辨《みわく》るは、須是らく箇の活撥撥《かっぱつぱつ》の漢にして、始めて句句相投じ、機機相応ずるを得べし。且《さ》て従上来《これまで》什麼《いか》なる人か合《は》た恁麼《さよう》なる。請《こ》う挙し看ん。

【本則】挙す。仰山《きょうざん》、三聖《さんしょう》に問う、「汝の名は什麼《なん》ぞ」。聖云く、「慧寂《えじゃく》」。仰山云く、「慧寂は是れ我なり」。聖云く、「我が名は慧然《えねん》」。仰山、呵呵大笑す。

【頌】双収し双放する若為《なん》の宗ぞ、虎に騎るは由来《もともと》絶功なるを要す。笑い罷《や》んで知らず何処《いずこ》にか去る、只だ応《まさ》に千古悲風を動かすのみなるべし。

「仰山、三聖に問う」

垂示から見てみます。「仰山問三聖」という題を頭に入れて読んでみたいと思います。垂示の中で、肝心要《かんじんかなめ》のところはどこでしょうか。仰山と三聖、二人の大物の出会いがテーマになっています。そこから見ると、三行目の「始めて句句相投じ、機機相応ずるを得べし」になると思います。ここが一番大事なところです。そうなるには、どうしたらいいか。

それがその間に掲げてあることでしょう。逆にたどると、「始めて句句相投じ」、互いの言葉のやり取りが高まり、互いの働きが空に通ずるにはどうしたらいいか。これが一番大事なところです。

「須是らく箇の活撥撥《かっぱつぱつ》の漢にして」。まさに魚がぴちぴちと跳ねるような生き生きとした作家《てだれ》の禅僧でなくてはいけない。ではその禅僧はどんな人物か。

「天關を掀《おしあ》げ地軸を翻《ひるがえ》し、虎兕《こじ》を擒《とら》え龍蛇《りょうだ》を辨《みわく》る」ような人です。

「天關を掀《おしあ》げ地軸を翻《ひるがえ》し」、ここは大自然と不二のところ。「上霄漢《かみしょうかん》に透《とお》り、下黄泉《しもこうせん》に徹《てっ》す」。氣が天地一杯に満ち充ち、宇宙大の用を我がものとしたところです。「虎兒《こじ》を擒《とら》え」、サイのような猛獣だそうです。牙を持つ猛獣。それを捉えて、それが「龍蛇《りょうだ》を辨《みわく》る」、龍であるか蛇であるかを見分けることができる。生け捕りにするだけでなく、生け捕りにしたものが、龍か蛇か見分けることの出来る人物をこそ、「活撥撥の漢」だと言っておられるわけです。

ここで大事なことが出てくると思います。「天關を掀《おし》あげ地軸を翻《ひるがえ》し」は、大自然の運行とも見えますが、その元になるのはいったい何か。それが大事なことだと思います。「虎兒《こじ》を擒《とら》え龍蛇《りょうだ》を辨《みわく》る」。この生き物を見分けるのは何者か。それは私たち一人一人の人間です。我々一人一人が大きな問題になってくる。一人一人がどれだけの力量を持つかによって、このような活撥撥の人物と言えるようになる。それが問題になってくるのです。

この則の主人公は、仰山と三聖という名うての大物ですから、問題ないということでしょう。「且《さ》て従上来《これまで》什麼《いか》なる人か合《は》た恁麼《さよう》なる」。いまだかつてこれほど優れた禅僧がいたであろうか。ここに二人の問答を掲げるから、しっかりみてくださいよ、ということです。他人事では決してないわけです。

本則に入ります。「挙す。仰山《きょうざん》、三聖《さんしょう》に問う」。臨済宗の中で、もっとも早く出来上がったのが潙仰宗です。その開祖の一人である仰山禅師と、臨済禅師のお弟子さんで、これまたこの頃、中国中に名を響かせていた若い三聖との出会いです。仰山と臨済は同時代の人で、仰山が先輩ですから、仰山にとっては、自分の息子のような年齢の三聖との出会いが描かれています。

仰山は三聖に聞きます。「汝の名は什麼《なん》ぞ」。お前さんの名前は何か。ここに、時代が下って宋時代の圜悟禅師が著語をつけています。「名実相奪う。賊に勾《かか》りて家を破らる」と。おまえさんの名は何だ、それだけの何でもないような問いかけですが、我々に注意を促しているのです。

名を奪えば実も奪う、と注意してくれています。三聖慧然という名を奪えば、三聖慧然を三聖慧然たらしめているもの、それが実でしょうが、それをともに奪ってしまう。三聖慧然の何もかも奪ってしまう。三聖なぞ眼中にないぞ、と。

一方では、「勾賊破家」。泥棒を引き込んで財産を奪われる。氣をつけろということでしょう。三聖慧然という恐ろしい相手を問答に引き込んでしまった。さあ、どう展開するか、わからないぞ、というのです。

すると、慧然が答えます。「聖云く、慧寂《えじゃく》」。慧寂は仰山の名前です。仰山は三聖の名前も身も実も奪い、臨済下の猛将として中国全土に鳴り響いていた三聖を、問題ともしない。

お前の名は何か。まさに天上天下唯我独尊。仰山和尚の境涯です。そう言われた三聖は、そっくり今度は慧寂になりすまして、私の名は慧寂だ、と言います。こうして慧寂の境涯を奪い取ってしまった。そっくりいただいて我がものにしてしまった。家ぐるみ、いな家風ぐるみ頂戴した。

するとと、「仰山云く、慧寂は是れ我なり」。仰山和尚は少しも騒がず、慧寂はわしの名前だと言います。すると、これまたするりと、三聖はいうのです。「聖云く、我が名は慧然《えねん》」。私の名前は慧然です。どこにもカドがないですね。スッスッと行きます。まことに見事だと思います。

唐時代の禅を代表するのは「徳山の棒、臨済の喝」だと言いますね。まことに素晴らしいことですが、みんなこれは、棒で叩いたり一発くらわせたりするのですから大変です。一方、潙山と仰山は、玉のような家風、それでいながら、肝心要のところはしっかり押さえているのです。ボケてはいません。私の名前は慧然でした、という答えを受けて、「仰山、呵呵大笑す」。仰山和尚は大声で笑った。こういう問答です。

「千古悲風を動かすのみ」

頌を見てみます。「双収し双放する若為《なん》の宗ぞ」。「収」は「把住」としまして、奪い合う。そのあとの「放」は相手を解き放つ。これはいったいなんという宗旨だろう。「虎に騎るは由来《もともと》絶功なるを要す」。虎と言っていますが、虎のような相手に騎乗するには、思慮分別を絶した優れた力量がなくてはならぬ。絶対の働きを、力量を持っていなくては、虎を乗りこなすことはできない。

「笑い罷《や》んで知らず何処《いずこ》にか去る」。いったい仰山の呵々大笑のように、命のはじけるような禅の笑いはどこへ行ってしまったのだろう。そこの圜悟禅師の下語《あぎょ》も読ませてもらいますと、「尽四百軍州に恁麼《さよう》なる人を覓《もと》むるも也た得難し」。世界中を探しても仰山和尚のように笑える人物は簡単に見つかるまい、と言っています。

中国全土を四百余州と言います。相手の三聖が四百余州のお師家さん方に法戦を挑み、名を轟かせたから、このような下語をつけたのだと思います。仰山を高く持ち上げていますが、その裏で、相手をしたのが三聖だからこそ、このような問答も生まれたのだと言っているようにも響きます。

さらに続けて「言猶《な》お耳に在り」。今もその笑い声が耳に聞こえるではないか。笑いやんでも、今でも、その笑い声が聞こえているぞ。「千古万古、清風有り」。長い時間を超えて、爽やかな笑い声が響いている、と圜悟禅師が下語しています。

頌の最後の一行です。「只だ応《まさ》に千古悲風を動かすのみなるべし」。これをどういただいたらいいでしょう。爽やかな笑い声がどうして悲風を動かすのか。千古の昔から、なぜ悲風を動かしているのか。

こうなると難しいですね。圜悟禅師の下語に、「如今《いま》什麼処《いずこ》にか在る。咄《とつ》。既是《すで》に大いに笑うに、為什麼《なにゆえ》にか却って悲風を動かす。大地黒漫漫」。お先真っ暗ではないかと言っておられますね。

それでいいんですよね。お先真っ暗でこそ、いいのです。なぜなら、禅というのは、私たちが求めるのは安心ではないと思うからです。心を安らげるのは大切だと思いますが、もっと大切なのは、我々が生きている、今ここ、この世の中です。禅の素晴らしいところは、今を大事にすること。今はどうでしょう。安心できるような今でしょうか。いつでも、世の中には問題がたくさんあります。その問題をどうするかといったら、闘うしかないですね。闘いを通して、「活撥撥」ということになるのでしょう。

「夏草や　つわものどもが　夢のあと」という芭蕉の句がありますね。少しでもいい世の中にしたいという夢を抱いて、頑張るつわものを詠んだ俳句だと思います。しかし残ったのはいったい何か。世の中に問題は絶えません。絶えないからこそ、私たちは頑張れるのではないでしょうか。自分の力を超えて頑張れるとしたら、原点はそこではないでしょうか。だから、悲しみこそが私たちの行動、行い、すべての元でなくてはならない。こうならないものでしょうか。

だから「悲風」があってこそ、頑張れるのです。「笑い罷《や》んで知らず何処《いずこ》にか去る、只だ応《まさ》に千古悲風を動かすのみなるべし」。その悲風の笑いこそ、爽やかな仰山の笑いこそ、三聖との合作です。大きく言えば、我々衆生の合作でもなくてはならないと思えてなりません。

恁麼ならば則ち去かじ——第六九則「南泉拝忠国師」

【垂示】垂示に云く、啗啄《たんたく》の処無き祖師の心印、鉄牛の機に状似《に》たり。荊棘《いばら》の林を透る衲《のう》僧《そう》家、紅炉上の一点の雪の如し。平地上に七穿八穴なることは即ち且《さ》て止《お》き、夤縁《いんえん》に落ちざるは、又た作麼生《いかん》。試みに挙《こ》し看ん。

【本則】挙す。南泉《なんせん》・帰宗《きす》・麻谷《まよく》、同《とも》に去《ゆ》きて忠国師を礼拝せんとす。中路に至り、南泉、地上に一つの円相を画《えが》いて云く、「道《い》い得ば即ち去《ゆ》かん」。帰宗、円相の中に坐す。麻谷、便ち女人拝《にょにんはい》を作《な》す。泉云く、「恁麼《さよう》ならば則ち去《ゆ》かじ」。帰宗云く、「是れ什麼《なん》たる心行《ふるまい》ぞ」。

【頌】由基《ゆうき》、箭《や》もて猿を射る。樹を遶《めぐ》ること何ぞ太《はなは》だ直なる。千箇《せんにん》と万箇《まんにん》と、是れ誰か曾て的《まと》に中《あて》たる。相呼び相喚んで帰去来《かえりなんいざ》、曹溪の路上、登陟《のぼ》るを休《や》めん。復た云く、「曹溪の路は坦平《たいら》なるに為什麼《なにゆえ》にか登陟《のぼ》るを休《や》むる」。

公案体系――理致・機関・向上

垂示からまいります。「垂示に云く、啗啄《たんたく》の処無き祖師の心印、鉄牛の機に状似《に》たり」。啗と啄、噛みようがないというのでしょうか。祖師の心印ですから、目には見えません。祖師の心は無相で形がありません。それを印のようにはっきりと形に表したらどうなるか。それは鉄牛の働きに似ている、といっています。前に、第三八則にも出てきましたね。鉄牛は目に見えないけれども、あるわけなのです。

昔、黄河が氾濫して人々を苦しめたときのこと、なんとかしなくてはならない、ということで、大きな鉄の牛を作り、それを黄河の底に沈めました。黄河は真っ黄色ですから、鉄の牛の姿は見えません。しかし、それがあるがゆえに、氾濫を防ぐことができたといいます。目には見えないけれども、素晴らしい働きをもって人々の安全に寄与したわけです。聞くところによれば、今は実際、黄河の上に鉄の牛がかけられているそうです。

「荊棘《いばら》の林を透る衲僧家《のうそう》」。「荊棘の林」は公案だと思ってください。公案を与えられて、それに参じ、一つ一つ通っていく衲僧、禅僧たち。「紅炉上の一点の雪の如し」。赤く燃え盛っている炉の上に、ひとひらの雪がすっと降りる、それは音も立てずに消える。これはいったい、どういうことを言っているのでしょう。

公案を一則ずつ通っていくのは、なかなか大変です。通るために全身全霊を傾けても、なかなか通らない。自ずと、そこに公案に参じる人の全心全力が傾けられていくのだと思います。わからない公案をなんとか解いていこうとするのですから、知らず知らずのうちに、荊棘《いばら》の林を通り抜けるために、参禅する人たちが全力を出していく。そうして、通った時にはどうなるか。紅炉上の一点の雪のごとく、後には何もなくなるのです。

大応国師の法語に、こういう言葉があります。耳慣れないと思いますが、大事なところですので読んでみます。

「自ら眼を著け去って、直に仏祖の理致・機関を超ゆるべし。いわゆる仏の理致を超え、荊棘林を過得し、祖の機関を超え、銀山鉄壁を透過して始めて、向上の分あることを知りて、坐を得て衣を披し、人のために粘を解き縛を去らん」。

こういうことをおっしゃっています。碧巌録ならば百則の公案がありますが、その一つ一つが違って課題があります。ところが、百則に共通する面も持ち合わせています。その両方が大事なのです。その塩梅を宋の時代の人たちがじっくりと見極めて、公案を作ったから、今日、臨済禅があるのだと思います。

素晴らしいのは唐時代の禅僧方の生き方。それを後の宋の時代の方々が見極め、組み立てたのが公案体系。この公案体系の面からも公案を見ていただきたいのです。一則一則だけでなく、公案体系として捉まえると、進みが早いし面白いでしょう。

大応国師南浦紹明が中国に行きまして、日本に持ってきてくださった。それには三つあるというのですね。理致、機関、向上です。

のちに出た白隠禅師は、理致を法身と表現しています。私たちの体は生身の体、色身と言います。そこから法身に一転する。その法身は理致ですから、道理が行き届いた、仏様の世界と見ていただいていいでしょう。

それに対して、二つ目の機関は、現実底です。私たちは現実を離れては存在しません。この現実で働くものが機関。私たちは、この現実でもがき苦しんでいます。そういう、なかなか問題が解決しないところへ、もし仏様、祖師方がおいでになったらどうなさるか。これが機関の公案だと思ってください。現実のこの世に、仏様に来てもらう。その仏がどう問題に対処するか。その上でもう一つ、向上という世界を作ったわけです。

「直に仏祖の理致・機関を超ゆべし」、理致・機関だけで十分なようですが、それを超えなさいという。そして、「いわゆる仏の理致を超え、荊棘林を過得し、祖の機関を超え、銀山鉄壁を透過して始めて、向上の分あることを知る」というのです。とにかく向上というところに、公案体系の真髄があると、まず頭においていただきたいと思います。「荊棘《いばら》の林を透る衲僧家《のうそう》」、公案が次々与えられますから、それに全身全霊を持ってぶつかっていくうちに、一つの習い性が、薫習が出てくるのです。全身を使ってやる。いわゆる成り切る、三昧になるのです。三昧に入ると、行き着いたところに、それだけで満足な世界が開ける。問題が解決しようがしまいが、問題ではない。自分が全力でぶつかった、それだけでいいという面も出てくる。そうすると跡には何も残らない。それを「紅炉上の一点の雪の如し」で表現していると思います。

臨済録序文に出てくる有名な言葉があります。「妙応無方」。どこから問題が出されても、どんな問題が生じても、じつに見事に対応できる妙応無方の力がついてくる。そこで解決するかどうか。それは大変です。根本的に大事なのは、問題が解決するということより、ぶつかっていく力だと思います。解決に主眼を置くと、おかしな方へ行きかねない。病氣が治るとか、幸せになるとか、そういう方に行ってしまわないとも限らない。病氣が治るかどうかは別として、自分の全力を尽くしたというところに、何かが起きてくるのだと思います。

力を出し尽くしたら、空っぽになりますね。空っぽになったところに何かが起こる。それは、世の中が言っている「幸せ」以上に、大事なことかもしれません。私たち自身がガラッと変わってしまうことが起こりうるのです。

続けて、「平地上に七穿八穴なることは即ち且《さ》て止《お》き、夤縁《いんえん》に落ちざるは、又た作麼生《いかん》。試みに挙《こ》し看ん」と。

「平地上に七穿八穴なることは即ち且《さ》て止《お》き」。平地上とは大地の上。そこに穴が限りなく空いている。これをどう取るか。良いようにも悪いようにも取れると思います。それは「且《さ》て止《お》く」と言っています。

穴があるというのは、問題にぶつかって、四苦八苦する、と取ったほうが面白いですね。なかなか大変だけれども、それはしばらくそうしておいて、「夤縁《いんえん》に落ちざるは、又た作麼生《いかん》」。夤縁は因縁と同じだと思います。「夤縁に落ちざる」、因果に落ちない。修行していく上での、他律的な制約と訳したらいいかもしれません。自律ではなく、他からの制約に落ちない。非常に四苦八苦するけれども、一方でそういう世界が現れてくる。因縁に落ちない、とらわれない世界が生まれてくる。それはどういうことか。

「試みに挙《こ》し看ん」。試しに挙げてみるから見てください。

仏のその先へ

本則を見てみます。「南泉《なんせん》・帰宗《きす》・麻谷《まよく》」、三人とも、馬祖道一門下の大物です。「同《とも》に去《ゆ》きて忠国師を礼拝せんとす」。忠国師とは、六祖慧能の跡を継いだ大変立派な方で、南陽慧忠国師です。中国で国師というと、この人を指すと言われるくらいの禅師です。この場面は、忠国師が亡くなった後のことのように思われます。忠国師は亡くなっているけれども、一度はお参りしないと修行者とは言えんぞ、というようなことがあったのでしょう。そこでお墓参りに出向かれたのかもしれません。

ところが「中路に至り」、どうしたことか、「南泉、地上に一つの円相を画《えが》いて云く」。一番年上だったという南泉和尚が、大地の上に円相を書いて言った。「道《い》い得ば即ち去《ゆ》かん」。何か一句言えたら、氣の利いた何かを二人が出してくれたら、ここから忠国師のお墓へ出かけ、礼拝しよう。

自律・他律と言いましたが、ともかく修行者たるもの、忠国師にお会いしなければ話にならん、ということがあったのでしょう。それは他律ですね。他律に引かれて、自分たちは出かけたのではなかったか。そこで南泉が、こういうことを言い出したのではないでしょうか。

南泉はここで円相を画いたのですが、忠国師は円相を作った人と言われています。円相は忠国師に始まるのです。そこで、南泉は一円相を描いて、何かしっかりしたことが言えたら一緒に行こうと言った。人が行っているから行く、というのではだめだということでしょう。自分というものをしっかりと持っているか、主人公であるかどうかを問うたのです。

すると、帰宗という方が「円相の中に坐す」。南泉が画いた円相の中にどっかと坐った。円相を座布団にして、その上にどっしりと坐ったのです。これはなかなか素晴らしいですね。一句言い得ているでしょう。その自信たるや、大したものです。円相がますます、充実して見えてくる。そういう感じです。

ところが、もうお一人の麻谷という方は、「便ち女人拝《にょにんはい》を作《な》す」。女人拝とは女性方が拝礼をする方法です。女性は髪飾りをつけているので、髪型を壊さないような軽い拝礼が認められていたそうです。どうしたことか、麻谷は帰宗に向かって、女人拝をなした。つまり立ったままで拝んだというのです。

すると、「泉云く、恁麼《さよう》ならば則ち去《ゆ》かじ」。南泉和尚の前で二人が動いた、これが一句です。自分の氣持ちを表したわけです。それならば、行くのをやめよう、ということです。

行く必要はないということです。

するると、「帰宗云く、是れ什麼《なん》たる心行《ふるまい》ぞ」。帰宗は言った。ここまで来ておいて行かないというのは、いったいどういうつもりだ。これはいかがですか。言葉の上では詰問しているようですが、これは三人の関係を見なくてはいけません。兄弟弟子ですから、お互いをよく知っている三人が楽しんでいるのだともいえます。「三昧無碍の空広く」と白隠さんの坐禅和讃にありますね。互いの氣持ちを知り合った上で、法に遊んでいるように見えないでしょうか。

ここで一番大事なことは何かというと、行く、行かないではないのです。そこに我々は引っかかってしまいますが、公案を通るということは、どちらが正しいかということではありません。どちらも正しくなってしまうのです。それはなぜか。本人が主人公になれるからです。主体性がつくのです。だから、ある時は行こう、となる。ある時はやめておこう、となる。それをはっきりと言えて、そこに一つの理が通っていることが大事です。行くでも行かないでも、その人の理という芯が一本通っていて、ある時は行くと出るし、ある時は行かないとも出る。それが大事です。

他律的に、行かなければいけないから行くのではなく、あくまで主人公を自分に見つけ出し、その主人公の言葉、独立した一個の人間の言葉として、行こう、または、やめておこう、ということが大事なのだと思うのです。そこを向上の世界というのです。ですから、向上を、仏のその先と言う人もいます。仏様を求めて、ここに来ているのですが、その先がある。仏の先があるというところが、禅のもっとも素晴らしいところです。ですから、皆さんもどうか、向上まで行ってほしいと思います。

主人公となる

頌にまいります。「由基《ゆうき》、箭《や》もて猿を射る」。由基は弓の名人。それが猿を射た。この猿は老猾で、誰も射ることができなかったが、弓の名人・由基を連れてくると、その猿が由基の姿を見ただけで怖がったというのですね。そして、頭を下げて許しを乞うが、由基は国王に言われて弓に矢をつがえる。すると大きな木の周りを猿が回りだすのです。それに対して由基が矢を射ると、矢もぐるぐる回って老猾な猿を追いかけ、見事に射止めたということです。

「樹を遶《めぐ》ること何ぞ太《はなは》だ直なる」。ぐるぐる回っています。猿も回っているので、たしかに一番近いのは回ることですよね。「太《はなは》だ直なる」。光は直進しますね。それはユークリッド幾何学の話であって、非ユークリッド幾何学では、光は通れないものは避けて直進して行く、とするそうです。この世にはまだまだ私たちがわからないことがたくさんあるのだと思います。

「千箇《せんにん》と万箇《まんにん》と、是れ誰か曾て的《まと》に中《あて》たる」。古来弓の名人は、千人も万人もいるが、いったい誰がこの猿を今まで射抜けたか。誰もいない。それを由基は見事にやってのけた。いわゆる、一つの主体性、主人公になりきって、その行動が正反対になって出るのです。ある時は殺人刀として出てくる。ある時は活人剣として振るわれる。それを、自信を持ってできるようになった者が、一人前の人物だということになりますね。その人物とは、どちらへ出るかわからない、しかし、出るには出るだけの理由が十分にあるのだということになります。

「相呼び相喚んで帰去来《かえりなんいざ》」。二人がそこまでわかっていたら、行く必要がない、帰ろう、ということになる。「曹溪の路上、登陟《のぼ》るを休《や》めん」。曹溪は、曹溪にいた六祖慧能の跡を継いだ忠国師を指します。忠国師がいる長安の都に上ることもない、やめようというのです。己事究明ですね。

そのように言っておいて、「復た云く」と雪竇が言っているのです。「曹溪の路は坦平《たいら》なるに為什麼《なにゆえ》にか登陟《のぼ》るを休《や》むる」。曹溪への、忠国師がおられるところへの道は、平らかだ。平らなのに、なぜ引き返すのか。なぜさらに一歩を踏み出さないのか。何の障害物もないのに、なぜやめてしまうのか、と問題を出されています。坦平だから、行かないのではないでしょうか。

曹溪への道は、忠国師がお出でになって、円相が作り出され、今や坦平になっている。問題は自分の現実の方にある。そこで、もう曹溪の方は忠国師にお任せし、自分たちの居どころの中の、難しい問題が起きているところで働かなくてはいけない、ということでしょう。

南趙宗の家風

忠国師が円相を作り出し、後世の我々にいろいろな恩恵を与えてくださっている。それにならっていえば、南泉は何を作り出したか。五家七宗というのがありましたが、南泉と、弟子の趙州和尚で創り出した南趙宗という家風があります。

「異類中行」といって、人間以外のものの中に入っていくという宗風です。人間だけが眼中にあるのではなく、この世のありとあらゆるものが眼中にあり、人間だけが救われればいいのではないのです。この世のありとあらゆるものを救わねばならないという、スケールの大きな家風を南泉は作り出したと言われています。

ところが、どうしたことでしょうか、猫を殺しています。異類中行を唱える人が、どうして猫を殺したのか。そういう問題はありますが、ともかく南泉という人はスケールが大きかった。

なぜあの場で猫を斬ってしまったのでしょう。そうしなければならなかったものがあったのでしょう。ここでは、同参の二人がしっかりした一句を吐いてくれたから、無事に済んだのですが、猫が問題になった時は誰も答える者がなかったのですね。それで、そこまで行かざるをえなかったのですね。これも殺人刀と活人剣です。殺人刀を振るわなければならなかったのです。

そこにも筋が通っていると思います。弟子の目を開かせたいという思いが、そこまで行かせたのでしょう。それでも誰も目を開かなかったから、南泉は暗澹たる思いだったと思います。昼から外出していた趙州が帰ってきたところで、憤懣をぶちまけます。すると、趙州がある行動をとる。それを見て、ああ、おまえがいてくれたら、余計な殺生をしなくて済んだのに、と。こういうことだと思います。ひとつ間違えると、殺人刀を振るう。そういうところがあるわけです。

却って請う、和尚道え——第七〇則「潙山侍立百丈」

【垂示】垂示に云く、快人は一言、快馬は一鞭。万年一念、一念万年。直截を知らんと要《ほっ》せば、未だ挙《こ》せざる已前《いぜん》。且道《さて》、未だ挙《こ》せざる已前、作麽生《いかに》か摸索せん。請う挙《こ》し看ん。

【本則】挙《こ》す。潙山《いさん》、五峰《ごほう》、雲巌《うんがん》、同《とも》に百丈《ひゃくじょう》に侍立《じりゅう》す。百丈、潙山に問う、「咽喉《のど》と唇吻《くち》を併却《ふさ》いで、作麽生《いかに》か道《い》わん」。潙山云く、「却って請う、和尚道《い》え」。丈云く、「我は汝に道《い》うを辞せざるも、已後《いご》我が児孫を喪わんことを恐る」。

【頌】却って請う、和尚道《い》え。虎頭に角を生じて荒草を出づ。十洲春尽きて花凋残《しぼ》み、珊瑚樹林に日は杲杲《こうこう》たり。

「直截を知らんと要せば」

「垂示に云く、快人は一言、快馬は一鞭」。快人にとっての一言、快馬に一鞭を与えられた時。賢明な人物は、一言を聞くだけで全てを理解するし、優秀な駿馬は鞭の影を見るだけで走り出すのです。「万年一念、一念万年」。永遠は一瞬のうちにある。一瞬は永遠を含む。そういう優れた人物や生き物から見ると、万年一念、一念万年ということが言えなくてはならないのですね。

「直截を知らんと要《ほっ》せば」、直截はそのものズバリ、端的、そのもの自体。「未だ挙《こ》せざる已前《いぜん》」。禅の方では、それ以上のことが要求されるようです。未だ一言が発せられる以前、言葉がまだ生まれないところ。そこが、禅の端的、根本、根源なのだ。「未だ挙《こ》せざる已《い》前《ぜん》」とは、どういう意味合いでしょうか。

「且道《さて》、未だ挙《こ》せざる已前、作麼生《いかに》か摸索せん」。どう探ったらいいか。「請う挙《こ》し看ん」。この公案をしっかり見てほしい、ということです。

これは第七〇則の垂示ですが、続いて第七一則、第七二則にかぶっています。登場人物は、潙山、五峰、雲巖。この百丈禅師の三人の弟子、優秀な兄弟弟子三人が、ともに百丈懐海禅師の傍にいた時の話です。師匠の百丈が、まず、一番兄弟子である潙山に向かって問います。

「咽喉《のど》と唇吻《くち》を併却《ふさ》いで、作麽生《いかに》か道《い》わん」。何か一句言ってみよ、というのです。条件は、喉も口も塞いで。それでどう言うか。それに対して、「潙山云く」、潙山禅師が答えます。「却って請う、和尚道《い》え」。どうか、和尚さんから言ってみてください。

すると、師匠は返します。「丈云く、我は汝に道《い》うを辞せざるも」、お前さんに言ってやらんこともないが、そうしたら、「已後《いご》我が児孫を喪わんことを恐る」。私の仏法を継ぐ者がいなくなるだろう。こう言ったのです。

「直截を知らんと要《ほっ》せば」。これが大事なのだと思います。その元は、百丈禅師が一言も言っていないところで見て取らなくてはならない。潙山霊祐禅師、五家七宗の一番最初の方です。潙仰宗、玉のような宗旨だと言われています。何一つ、激しい言葉は使わないけれども、非常に優れた宗旨を作り上げた方です。

ここでも、見事に答えているようです。いったいどういうことか。ここで、注意しなくてはならないのは、百丈の中にあるこの一語。言ってやらないこともないが、もし言ったら、おそらく以後、わしの仏法を継ぐ者が出なくなるだろう。ここです。

これを、潙山禅師は守ったわけです。師匠に言われて、それを深く了解して、師匠が言うこころを深く見抜いて、語らないことを承知してこれを守って答えたわけです。その一つの例が、香厳上樹という公案を残してくれていますが、香厳智閑禅師という方との出会いがあります。

香厳智閑禅師

この香厳禅師は百丈懐海禅師について修行してこられた。ちょうど阿難尊者のように、聡い方だったそうですが、なかなか修行が進まなかった。百丈禅師が亡くなると、香厳禅師は自ら潙山禅師に参ずるようになる。そして、修行に励みます。

その様子を見ていて、兄弟弟子でもあるので、香厳がどれほど優秀な人物かは承知していたと思います。ある時、呼び寄せて、いろいろ尋ねますが、みんなだめだというのです。ここの「直截を知らんと要《ほっ》せば」というような感じです。例えば、「父母未生以前、如何なるかこれ汝が本来の面目」などということについて、どうかと尋ねるわけです。香厳は、知っている限りの言葉を使って潙山禅師に答えますが、潙山は全て否定してしまう。

さすがの香厳も言葉が出なくなってしまう。「私にはこれ以上言うべき言葉はありません。どうか老師が代わって解いてください」と言うのですが、この時、潙山は言葉激しく言ったとされています。「悟りについて、私が何か解きえたとしても、私が解きえたものは私のものである。君の悟りに、それが何の役に立とうか」。こう言って、香厳の頼みを拒絶します。

そこで香厳は自室に戻って、優秀な方ですからノートもしていたのでしょう、それをくまなく調べてみたがしかし、潙山の問いに、これならば答えられる、というものを見出すことができなかった。そこで、それらをことごとく焼き捨ててしまったというのです。そうして、六祖慧能禅師の跡を継がれた慧忠国師、――国師と仰がれた、その慧忠国師の墓守をして過ごそうと決意して、そこに行き小さな庵を建てて過ごしていたということです。

しかし、潙山禅師は教えこそしませんでしたが、呼び寄せたからには、呼び寄せる氣持ちがあったはずです。潙山の放った矢はすでに香厳を射ていたのでしょう。そうして山の中で作務をしている時、自分の箒が飛ばした瓦が竹にあたります。ごつんという音がする。その音は何の変哲もない音ですが、その音が耳に入ってくる。そしてお悟りを開いたと言われています。

そうして、香厳は、今まで自分を苦しめていた問題から開放された。問題を解消した香厳は嬉しくてたまらなかった。庵に帰り、身を清め、香を焚いて、はるかに潙山の方を礼拝して言ったとされます。「老師大悲の恩は父母の恩をも超えてありがたい。もしあの時、私のために説明してくださっていたら、私の今日のこの痛快な喜びはなかったでありましょう」。こう言って、感謝を捧げたと言います。

そして、偈を作っています。それを読んでみますと、他人事ではないのです。

一撃、所知を忘ず、更に修治を仮らず。
動容古路を揭ぐ、悄然の機に堕せず。
処処蹤跡無し、声色《しょうしき》威儀を外《はず》る。
諸方達道の者、咸《み》な言う上上の機と。

「一撃、所知を忘ず」。石が竹に当たった音で、今まで自分の知っていたことを、全部忘れてしまった、取り上げられた。ごつんという音とともに、雲散霧消した。「更に修治を仮らず」。それを改めて記憶を取り戻す必要はないのだ、忘れっぱなしでいいのだと言っています。なぜならば、まさに、盤珪の不生の仏心のようですが、出てくるというのです。自分の中から必要に応じて出てくるので、別にノートを探す必要もないというのです。全て、おのずから、問題に応じて自分の中から出てくるようになった。まさに臨済録序の「妙応無方」、どんな問題が出てきても、何もないところから自ずと、自然に答えが出てくるようになった。

「動容古路を揚ぐ、悄然の機に堕せず」。「悄然の機に堕せず」ですから、太通老大師がおっしゃる活機の禅ですね、活機の禅を獲得した。「動容古路を揚ぐ」は、なんといったらいいのでしょう。もう何をやっても、手を上げても足を運んでも、ものを言っても言わなくても、先人が歩いた古路、どんなさびれた小路でも、自分にとっては天下の大道だ。その道を踏み外すことはなくなった、と言っています。すごい自信が湧いてきますね。

そして、もっといいのがその次です。「処処蹤跡無し」。それでいて、自分は何も持っていない。後に何も跡形も残さない。「声色《しょうしき》威儀を外《はず》る」。威儀は装いでしょうか。その外だ。それは並のことではないというのです。だから妙応です。並の装いではない、桁外れの答えが飛び出してくる。本当に、すごい自信が自然と出てくる。自然と絶妙な働きとなって出てくるということが起こったわけです。

ところが、潙仰宗のもうお一人、仰山慧寂。潙山のお弟子さんで、小釈迦と言われた仰山は、ちょっと待ってください、と師匠の潙山に言います。すぐに香厳を認めようとしないのです。こうして鍛えられていくのですね。

そして、ある時、――これは全く白隠と正受老人の出会いと同じです。出会った時に、君は頭がいいから、もう一つ、わしにも偈を作ってくれというのです。そこで香厳は、「去年の貧はいまだこれ貧ならず。今年の貧は初めてこれ貧」。貧は貧しさ、無一物です。「去年の貧は錐あって地なく、今年の貧は錐も無く地も無し」。去年の貧しさは、まだまだだった。ところが今年の貧しさは、立錐の余地すらなくなった。全く何もなくなったということですね。

こういう偈を作って、兄弟子の仰山に提出します。ところが、白隠と同じように、それはあんたの学得底だと言われるのです。学び得たところのものだと。学得底ではなく、体得底を出せと言われるのです。体でつかんだものが知りたいのだというのです。

そうすると香厳は、さらに工夫して別の偈を出す。すると、今度は仰山は認めます。そして初めて、師匠の潙山、兄弟子の仰山からも、祖師方の禅、祖師禅をつかんだと認められた。そういう形で跡継ぎが一人生まれるわけです。

ちょうど、阿難尊者も同じでした。お釈迦様の元に二十数年ついていて、お釈迦様の話したことをすべて記憶していた。しかし悟りは開けていなかった。経典を作ろうとした時に、非常に困った。阿難尊者がいてくれたら、随分違うのに、となった。そこで迦葉尊者が言います。それまでに悟れと。阿難尊者はそこで苦心惨憺して頑張って悟りを開いた。そして見事に経典が編集されるわけです。これも教えないのです。坐ってともかく自分で悟りを開けというのです。

「就身打劫」とは

頌にまいります。「却って請う、和尚道《い》え」。和尚さん、言ってください。潙山禅師は師匠の百丈禅師の氣持ちがわかるから、このように言えたのでしょうか。

「虎頭に角を生じて荒草を出づ」。潙山がそう答えたところを、雪竇はこのように言っています。虎が頭を現しただけでも怖いですが、この虎は角までつけているぞ。そうして草原から出てきた。ひとつ間違えば、どんな目にあうかわからないということです。ちょうどそれが、殺人刀と活人剣を持っている。どちらを振るうかは、その人次第、ということ。それが禅です。

「十洲春尽きて花凋殘《しぼ》み」。十洲は、仙人の住むという洲。百年を一回の春と言います。一春過ごすと百年過ぎてしまう。その春を過ぎて、花々は皆しぼんでしまった。

そこに、圜悟の下語が書かれています。「触処清涼。讃歎するに也《ま》た及ばず」。花が咲き誇るのも素晴らしい。しかしそれだけではない。花が散り乱れるのも素晴らしい。それが「触処清涼」。体得底というのがありました。触処は触れるということ。目に触れるもの、手につかむもの、全て清涼だ。清涼は、空や無に通じるところです。花が咲き誇るのがきれいだ、それが地上に落ちたのも、なんとも素晴らしい。その仙郷の見事な景色は、どれほど褒めても褒め足りない。どんなに賛嘆しても賛嘆しきれるものではない。圜悟はこのように著語をつけて、「十洲春尽きて花凋殘《しぼ》み」という世界をたたえています。「珊瑚樹林に日は杲杲《こうこう》たり」。地上ではさすがの仙郷も、花が尽きることがあるでしょうが、大海原の中に沈んで蔵されている、目に見えないもの、その珊瑚の樹林には、太陽の光が煌々と照らされている。これは空や無のほう、無相を言っているのだと思います。形がないので滅びることもない。臨済禅師がおっしゃる、無位の真人のほうです。

それに対して仙郷のほうは形がある。とらえることができる。我々の身体で言えば、切れば血の出る赤肉団のほう。その赤肉団に、一無位の真人が宿るのだと言っているのです。

百年も生きれば私たちは亡くなりますが、仙人は千年でしょうか、それだけ生きれば無に帰することになるのでしょうが、何れにしても有限です。ところが一無位の真人は永遠なのです。深い海の中に生きている珊瑚樹には、太陽が照って、いつも煌々と輝いている。

そこに下語があります。「千重百匝《せんちょうひゃくそう》。争奈《いかん》せん百草頭上に他《それ》を尋ね得ず。答処、天を蓋い地を蓋う」。「千重百匝」、深海のうちですから、どこもかしこも珊瑚樹に太陽が照り輝いている。太陽の光が届いているというのですね。言葉の上で百丈和尚や潙山和尚を訪ねてみても、どうしようもない。言葉ではないのだ、と圜悟はいっています。「答処、天を蓋い地を蓋う」、潙山和尚の答えは天下に轟く見事な一句だと褒めちぎっているわけです。

いわゆる、教外別伝ということになるでしょう。教えが悪いわけではないけれども、教えの他に伝えるのだというのです。伝えることができる。伝える方法として、教えるのではないのだということでしょう。ではどうするのか。

以心伝心ということでしょうね。心でもって心に伝えるというのが、禅宗だというのではないでしょうか。けれども、教えと違ってはいけないのです。違うとは言わないけれども、伝えるということについて、考えたのでしょう。伝えるためには、本当にその人の血肉にするには、教えてはだめだ。本人が苦労して、その苦労に任せるしかないと言っているのだと思いますが、なかなかきついですね。けれどもこれは、本当のことだと思います。

もう一つ、別の下語を見てみます。本則の最後、「丈云く、我は汝に道《い》うを辞せざるも、已後《いご》我が児孫を喪わんことを恐る。〔老婆心切なるを免れず。面の皮厚きこと三寸。泥に和し水に合し、身に就いて打劫《たごう》す。」」とあります。

老婆親切とはどういうことでしょうか。孫を可愛がるような親切さ。厚顔無恥な和尚ではない。弟子を育てるために自ら泥をかぶった。「身に就いて打劫《たごう》す」、これは身につけている大事なものを、奪い盗るという意味です。巾着切りとか、賊とか、いろんな呼び方はありますが。泥まみれになって、水をかぶるどころのことではない。

「就身打劫」、これはいったい、誰がそうなのでしょうか。老婆親切なのは誰でしょう。わからなくなってきますね。だから、素晴らしいのですが、結局、何が何だかわからないで終わってしまいます。みなさんが苦労して、これはいったいどういうことなのか、読み解いていただけたらと思います。問題を残しておきます。

和尚もまた併却ぐべし――第七一則「百丈併却咽喉」

【本則】挙《こ》す。百丈復《ま》た五峰《ごほう》に問う、「咽喉《のど》と唇吻《くち》とを併却《ふさ》いで、作麼生《いかに》か道《い》う」。峰云《いわ》く、「和尚も也《ま》た須《すべか》らく併却《ふさ》ぐべし」。丈云く、「人無き処に斫額《しゃくがく》して汝を望まん」。

【頌】和尚も也《ま》た併却《ふさ》ぐべし、龍蛇陣上に謀略を看る。人をして長く李《り》将軍を憶《おも》わしむ、万里の天辺に一《いちわ》の鶚《みさご》飛ぶ。

「和尚も也た併却ぐべし」

本則に入ります。「挙《こ》す。百丈復《ま》た五峰《ごほう》に問う」、前の第七〇則の続きです。百丈和尚は、五峰禅師に尋ねた。傍にいて、潙山禅師とのやり取りを聞いていた五峰禅師に尋ねました。「咽喉《のど》と唇吻《くち》とを併却《ふさ》いで、作麼生《いかに》か道《い》う」。おまえさんなら、喉も口も塞いでなんと言うかな。すると、五峰禅師が言います。「峰云《いわ》く、和尚も也《ま》た須《すべか》らく併却《ふさ》ぐべし」。まず和尚さんがお黙りなさい。こういう返事を返したのです。

それに対して百丈禅師は言います。「丈云く、人無き処に斫額《しゃくがく》して汝を望まん」。誰もいないところ、遥か遠いところから、額に手をかざして、おまえさんを眺めていることにしよう。おまえさんがそのような人を寄せつけないような、孤危険峻の境地にいるのなら、と、このようなお答えをなさった。

前の則の潙山禅師のお答えは、百丈禅師が「喉も口も塞いで、何と言うか」と問うたお心をしっかりと承知して、あのように答えたのです。どう承知していたか。百丈禅師が答えないことを見て取っていたのですね。そこで、あのように返しているわけです。

案の定、百丈禅師が答えらしい答えをしない。なぜなら自分が答えると、弟子がいなくなってしまう、できなくなってしまうから。そうすると法が伝わらないから、と。

答えたら、「ああ、そんなことなのか」と思われかねないのです。禅とはそんなものか、もうわかったからいいや、ということで、止《や》めてしまう。それでは困るわけです。

今回の五峰禅師の答えはまたちょっと違います。「和尚も也《ま》た須《すべか》らく併却《ふさ》ぐべし」。理屈から言えば、その通りです。問答というのは、真剣勝負ですから、こういう答えも大いにありうるわけです。

宋時代の禅宗のお坊さん方は、唐時代の禅師さま方の問答をじっくり味わったのだと思います。そして、どうすれば一人でも多く、禅をわがものにしてくれる人物を作れるか、ということに重きを置いたのです。道を伝えるということにですね。工夫に工夫をこらして、公案体系というものを作ってくださった。それは一人でも二人でもいい、より多くの人に禅を見てもらいたいという氣持ちがあったからでしょう。

その圜悟禅師が、ここではなんと下語をつけているかというと、「旗を攙り鼓を奪う。一句流れを截ちて、万機寝削す」。百丈禅師の旗を奪い取った。五峰禅師の大勝利だ。この一言で煩悩を断ち、あらゆる働きが消え去った、と。しかしこれは、どこまで本氣で言っているかわからないところが難しいですね。

一番恐れたのは、「ああ、そんなことでいいのか」と思われること。白隠禅師が言うように、大地に土をぶつけるのは、誰だってできるわけです。失敗するものは一人もいないはずです。盤珪禅師のお言葉では、私たちは生まれてきた時に「不生の仏心」を持っている。それ以外は何も持ってきていないぞ。そして、その不生の仏心にお目にかかれないことは絶対にないぞ、と言っています。

そうすると、禅というのはそんな甘いものなのか、と思われる。それが困る。そうではないぞ、と言っておかなくてはならない。それで、このようにいろいろな下語をつけて、安易に受け取って「もういいや、わかった」と言ってしまうのを避けようとしているのだと思います。禅の一面である厳しい面を打ち出しているわけです。

「丈云く、人無き処に斫額《しゃくがく》して汝を望まん〔土曠《ひろ》く人稀《まれ》にして、相逢う者少なし〕」と。下語に、ここは、はるかに広々した荒野で、行き交う人も少ないところ。それはそうだが、五峰禅師の境地が本当にわかるものは、多くはないだろう。そう著語をつけております。

それに和して、雪竇さんもなかなか厳しい頌を作っています。「和尚も也《ま》た併却《ふさ》ぐべし」、これは五峰禅師の答えそのものですね。そのものを、頌の最初に持ってきました。中国のやり方では、最初に一番大事なものを持ってくると言われています。五峰禅師の答えを良しとしているのです。

「龍蛇陣上に謀略を看る」。孫子の兵法に、八つの陣形があるそうです。そのうちの二つが龍陣と蛇陣。その二つをあわせ持ってきて、そこに五峰禅師の心が現れてきたぞ、ということでしょう。そうして、百丈禅師と見事な駆け引きをして見せた、と言っています。「人をして長く李《り》将軍を憶《おも》わしむ」。あたかも我々をして、あの有名な李広将軍を思い出させるようだ。李広将軍という方は弓の名人です。大変な危機に陥った時も、弓を使って九死に一生を得て、やがて匈奴に囚われますが、漢のために尽くした大将軍です。「万里の天辺に一《いちわ》の鶚《みさご》飛ぶ」。広々とした天空に、鶚を放つような質問を百丈禅師はされたのだ。五峰禅師はその問いに対して、見事に李将軍さながらの一矢を報いたのだ、と言っています。

活潑潑の禅

いったいなんなのか、わけがわからない、というところです。どこを捉えたらいいのでしょう。人それぞれ、捉え方は変わってきてしかるべきなのですが、やはり、私たちは世の中に現実に生きているのですから、現実を忘れて理想に走ってもしょうがないと思います。

禅の公案体系に、三つをあげました。そのうち、現実に最も関係するのが機関。ここが現実を生きるところです。現実をよく生き切る、もっと言えば、本当に現実を人間として生きるためにはどうしたらいいか、ということが根本の問題だと思います。

そこで、道を尋ねるということが起こる。道というのはたくさんあります。その中で、みなさんはお釈迦様の歩まれた道、仏道を選んでくださった。そしてこうして、何かを掴もうとしているわけだと思います。私たちが生き、悩む現実。そこへ例えば、お釈迦様が来てくださったら、お釈迦様は自分が思い悩むことに対して、どのような生き方を見せてくださるか。それが機関の公案です。

理屈に行ってしまうといけないので、申し上げますが、それを今やってくださっているのが、ほかならぬ河野太通老大師です。それを見せてくださっていると思います。現実に、それを目の当たりに見せてくださっている。だからなかなか怖いですね。大変ですが、それを乗り越えて、活機の禅、活潑潑の禅がここにあるのだ。龍門寺にはあるぞ、と直に見せてくださっているのです。

公案を参究する方がまだ楽ですね。太通老大師は現に、目の当たりに見せてくださっている。そして、私たちがどう変わっていくかを見守ってくださっているのです。私たちも大変ですが、太通老大師が一番大変でしょう。「おまえらだから、言わなくてはいけない、したくないこともしなくてはならない」と、心の中で思っておられるにちがいありません。まことにありがたいことです。それにどう応えていけるか。

それはそれとして、一人でも多く、なんとか仏道、仏教というものはいいものだ、こんな素晴らしいものがあったのか、と思っていただきたいと願うことにおいては、私も変わらないつもりでおります。そういう理屈だけではいかないことが、現に問われているのです。

教外別伝と言いますね。教えの他に伝える。教えと違うところがあるわけです。教えというのは、これはこうだと、言葉で伝わります。しかし、それでは身につかないところを、昔の人たちは身をもって確かめたのだと思います。

それで、行、実践、行動、機関となってきたのだと思います。教えそのものでいけば簡単です。臨済禅師の「赤肉団上、一無位の真人あり」。それで尽きるわけです。切れば血の出るこの身体。一人一人の身体。生きているということです。そこに、臨済禅師は、一個の無位の真人が宿るのだというのです。赤肉団があるところに、必ず無位の真人がいるのだというのです。まことに明快です。

仏教にはいろいろな語録や書物がありますが、言葉を使わないと言われる禅宗が、一番それを持っているそうです。それくらいの内容のものがあるわけです。一言で言えば、それで尽きてしまう。これをどうやって掴むか。一つ本当につかめたら、あとは大丈夫。そういう本当のつかみ方をなんとかしていただけたら、と思っております。しかしなかなか、うまくいかないわけです。

五峰禅師は潙山禅師より若かったのでしょう。向こう氣の強さが残っている。しかし潙山の禅は玉のような宗旨ですから、荒っぽいところがなくて、非常にすうっと、難問に答えているようです。同じ一つの刀が、ある時は殺人刀として使われ、ある時は活人剣として使われる。それが禅の一つの特徴だと思います。

殺人刀をふるう。ある時は人を殺す。殺すにしても、殺すことが目的ではない。殺すことで本当に生かしきる。その手立てとして殺す。死んで生きるが禅の道と言います。本当に生かすために、殺すのです。しかし、そうは言っても、なかなか怖いですね、殺人刀は。このあたりをどのように処方していくかが難しい問題になるわけです。

禅の祖師方は立派にやりきっていますが、自分のことを考えますと失敗の連続ですね。今まで生きているのが、本当にありがたいと思わなくてはならないようなことをやっているわけです。

だから皆さんも大いに変わっていただきたい。わかったからいいとは絶対に思わないことです。自分の全てが、全人格が変わる。一生かけて変えていただく。願うことは、不生の仏心に本当に氣づいてほしい。ここ龍門寺は不生の仏心の本場ですから、そのように切に願っております。

和尚有りや——第七二則「百丈問雲巌」

【本則】挙《こ》す。百丈又た雲巌に問う、「咽喉《のど》と唇吻《くち》とを併却《ふさ》いで、作麼生《いかに》か道《い》う」。巌云《いわ》く、「和尚有り也末《や》」。丈云く、「我が児孫を喪えり」。

【頌】和尚有り也末《や》、金毛の獅子踞地《こじ》せず。両両三三旧路を行く、大雄山下《だいゆうさんか》空しく弾指す。

「和尚有り也末」

本則です。「挙《こ》す。百丈又た雲巌に問う、「咽喉《のど》と唇吻《くち》とを併却《ふさ》いで、作麼生《いかに》か道《い》う」。

百丈禅師が、同じ質問を今度は後の雲巌禅師に問います。この時、雲巌禅師は会下の修行僧です。

圜悟さんが下語を置いていますね。なんと置いているか。「蝦蟆《かわず》の窟裏《ねぐら》より出で来たる。什麽《なに》をか道《い》う」。また蛙が鳴くように同じ調子で喚いている。これはどちらのことを言っているのでしょうか。百丈禅師でしょうか、お弟子さん方でしょうか。素直にとれば、百丈禅師ですね。

さて、最後に残った雲巌禅師はなんと答えているか。「巌云《いわ》く、和尚有り也未《や》」。すると雲巌禅師は言った。和尚さんにはあるのですか。こう返したというのです。残念ながら、全く見当違いの答えをしてしまいました。これは救いようのないミスだと思います。

最初の潙山禅師の答えは、直説、肝心要のところをぐっと押さえました。百丈禅師の腹をしっかりと見極めて、あのような返事をしました。比べて、雲巌禅師はそうはいかなかった。二十年もの間、百丈の元で雲巌は修行をしました。しかし百丈が遷化してしまった。有名な「一日作さざれば一日食らわず」、働かない時は食べないと言われた百丈禅師の、そういう言葉を聞いて育っていながら、こういう答えをした。これは、考えられないようなことです。

なぜ百丈禅師はこのような問いを雲巌禅師にしたのか。しなくてはならない何かが、お師匠さんの側にはあったはずです。何とかしてこの雲巌の目を開かせてやりたいという氣持ちが働いての問いだと思いますが、それに対して、「和尚さんはまだ、喉や口を持っているのですか」と聞いたのですから、これは救いようがありません。

あえて言えば、お弟子の三人が三人とも、立っているところが違うと思うのですね。最初の潙山禅師は、――禅の公案体系で三つのことを言いました。理致、機関、向上、その三つで分ければ、潙山禅師は向上の立場にいた。二番目の五峰禅師は、機関にいた。そして、雲巌禅師の立場は、理致。それも、そこに頭を突っ込んだばかりだと思います。「咽喉・唇吻」をお持ちなのですか、と聞いているということは、「私はすっかりそんなものはなくなりました」と言っているようなものです。ですから何かを見たのですが、そこ止まり、という感じです。

そうしますと「丈云く、我が児孫を喪えり」。そこで百丈和尚は言った。そんなことでは仏法は絶えてしまう。そんなことでよしとしていると、仏法は絶えてしまうぞ。おまえに伝わらないぞ。こういうわけです。のちには大禅師になって洞山和尚を生み出すのですが、この時の雲巌和尚はこのようでありました。

頌に行きます。「和尚有り也末《や》」。このように答えたわけです。いつも最初に一番いいところを持ってくるのが、中国のやり方だと言いました。けれども、ここは例外です。真っ先に雲巌和尚のことを挙げていますが、褒めているわけではありません。「金毛の獅子踞地《こじ》せず」。このように雪竇は決めつけています。雲巌禅師といえば、のちに洞山禅師の師匠となる大和尚です。それを「金毛の獅子」と言っています。のちには金毛の獅子となるお人だが、いまだ力を発揮できなかった。まことに活氣のない答えをしたものだ、というのですね。

それはやはり、坐り方が足りないのです。一つには、苦労が足りないのだと思います。機関にまで行っていても、まず理致で仏さんの世界を覗き、そのまなこでこの世界の現実を生きたらどうなるか、ということが機関ですから、機関がある意味、一番大事なのです。しかし機関には全然至っていない。仏さんの世界もちらっと見た程度。なぜ師匠はそんなことを聞いたのか全然わかっていないので、こんな無礼な答えをしている。これは救いようがないのです。

「両両三三旧路を行く」、潙山、五峰、雲巌の師匠方、どこかで聞いたようなことばかり言っておられる。もう少し言えば、三人とも、今までの修行の成果が出たぞ。ただそれだけだというのです。悪いことをしているわけではないのですが、三人が三人とも、どんな修行をしてきたか現れたぞ。

ってているわけです。

「大雄山下空しく弾指す」。大雄山《だいゆうさんか》は百丈禅師がお住まいの山です。百丈禅師は空しく指を弾じて、残念がっておられるだろう、ということです。二人はなんとかものになっているわけです。最後の雲巌こそが目当てで、このように言っている。これはだめだと残念がっているわけです。

不生、限りなきの力

知・情・意といいますね。わたしたちの心でしょうか。みんな大事ですが、最後は意が一番大事だと思います。願いですね。雲巌禅師のところにも、ああいう言葉を弟子に向けたのは、何か氣持ちがあったはずです。しかし弟子の方は他人事としているのです。自分のことを言ってくれたと取らずに、「和尚さんはまだそんなことを思っているのか」と、他人事としか取れない。それが大いに問題なのです。それではだめだというわけですね。けれども祖師方もそういうところを通っているわけです。雲巌禅師も、「和尚さんはまだ喉も口もお持ちなのですか」と言うからには、それがなくなったというところにはいるのでしょうが、それはまだほんの入り口で、全然役に立たないわけです。

だから、機関の公案でがんがん叩いて錬り上げていく。そして最後に、向上という世界、そこに禅の素晴らしいところがある。そのように、宋時代に公案体系を作った方々は見て取ったのです。唐時代の素晴らしい禅師さま方の行いをじっと睨んで、公案体系を作ってくださったのだと思います。

北原白秋の「この道はいつか来た道。ああ、そうだよ、アカシアの花が咲いてる」、こういう歌がありますね。「この道」、心の道は目に見えませんから、わからないわけですね。その心は、何も無くなることが大切なのですね。空とか無といわれるような心ができあがることによって、初めて力が出てくる。

自国第一主義ということが今、公然と言われていて、それに対して誰一人、公けに反発できずにいますね。これは、悲しいことです。間違いに決まっています。これまで何度も何度も、それで過ちを犯してきているのに、一向に改めないわけです。

そんな時、河野太通老大師は言ってくださいました。「自国第一主義ということだけが、力ではないぞ」。いわゆる不生の仏心という力。不生の力。「稽首す、不生、限りなきの力」。本当に限りがないというのは、不生の力なのだ。尽きることがない。どんどん生きている限り湧いてくるのだ、という感じですね。

そしてそれを、最後の句でもう一つ言ってくれているのです。どんなことを語っているか。ぜひ、探って見て取ってください。言いたいことは、ここにあるというのです。龍門寺に活機の禅があるぞ。ここには活機の禅が充満している。どこを見ても活機の禅で溢れている。わしはそれをやっているぞ。こう言い切っているのです。

太通老大師はどこに立ってそれをやっているか。理致でも機関でもなく、向上の立場でやっているのです。今朝、太極拳をやりました。それに即して言っていただきました。「まろやかに、まろやかに」。そしてもう一つは「氣張らずに、氣張らずに」、とおっしゃっていました。向上ですね。

潙山禅師がそうでしたね。潙山は玉の宗旨。徳山は棒、臨済は喝、それも素晴らしいのですが、そこにはいないのですね。棒でたたいたり一喝したりするのは、氣が張っています。それを取り去っている。向上のところから、それを見せてくれている。

禅に参じるからには、向上の世界をつかんでほしいと思います。そこにこそ、本当に禅の禅たるものがある。永遠に尽きない、いくらでも出てくるというところ。何もないところから、シチュエーションによって、自分の中から出てくる。氣張ってしまうと、それが出てこなくなる。どんな大切なことでも、氣張らずに、まろやかに、まろやかに。そうして生きていく道を、たずねつつ歩んでほしいと思うのです。

あとがき

雲を踏む　峰のかけはし　それよりも　うき世を渡る　道ぞあやふき

作者花園法皇は、南北両統迭立の時代に、若くして十二歳で即位された、時代の苦しみを一身に背負われたお方でありました。

この歌のお心は、私たち万人の思いでもありましょう。いつの時代も、人の世はまことに生きがたい。心ある人たちは時代をこえて、「人となる道」（慈雲尊者）を求めました。山岡鉄舟翁を機縁として、武道家がいかに「臨済録」を読み干しているかを垣間見て、その真剣さに打たれました。一事が一切で一切が一事です。

願わくは、六祖慧能大師の原点に還って、既に未分の大人の智慧の開け（般若眼）をこそ、市井の人たちの誰れにでも、うなづいてもらえる言葉で簡潔におとどけできないもの歟《か》。本シリーズはあと二冊上梓されますが、その中でさらに皆さんに問えますことを。

懐えば、『人生で一番大事なこと』で始まり、『坐禅に問う』（己事究明）と受け継いで、碧巌シリーズが初まったのですが、私の一つの見解を一読し、ご批判願います。同時に皆さんも、この世を生きた証しとして、一つの見解を一生のうちにつくり出してくださいますことを。一人ひとりに一つずつあってよいのですから。全別であり全同でありたいものです。通底して響き合う、暮れの第九の合唱のように。

わけの分らぬ話しを聞いてくださった法話会の皆さまに感謝し、難儀なテープ起こしをして上梓してくださった春秋社の神田明社長、佐藤清靖編集取締役はじめ、編集部の皆さまに心からの感謝を捧げます。最後になりましたが、故澤畑吉和社長のご冥福を感謝を込めて祈ります。いただきました好言語決して忘れません。

令和二年四月十一日

天徳山裡にて

木村太邦

木村太邦（きむら　たいほう）
昭和15年、東京生まれ。昭和38年、早稲田大学法学部卒。同年、商社に入社、10年間の営業生活を送る。昭和44年、真人会（秋月龍珉先生主宰）入会。昭和48年、山田無文老師について得度。同年、祥福僧堂に掛搭。無文老師、河野太通老師に参じる。平成7年、祥龍寺入山。平成16年、祥福寺入山。祥福僧堂師家、祥福寺住職を経て、令和元年、龍門寺入山。現在、龍門寺住職。

碧巌の峰
二〇二〇年五月二〇日　第一刷発行
著　者　木村太邦
発行者　神田　明
発行所　株式会社　春秋社
東京都千代田区外神田二―一八―六（〒一〇一―〇〇二一）
電話（〇三）三二五五―九六一一　振替〇〇一八〇―六―二四八六一
https://www.shunjusha.co.jp/
印刷所　萩原印刷株式会社
装　丁　本田　進
定価はカバー等に表示してあります。

ISBN978-4-393-14436-7